上州・あんな話こんな話

中島 克幸

言視舎

目　次

西毛・あんな話こんな話

北毛・あんな話こんな話

中毛・あんな話こんな話

東毛・あんな話こんな話

番外編

西毛・あんな話こんな話

1　御巣鷹山の麓の「村長さん」

旧黒沢家住宅　【上野村】

上野村にある旧黒沢家住宅は、この地で大総代を務めた黒沢家の住居であった。上野村、神流町と旧三原村（旧鬼石町）の一部は江戸幕府の天領で、山中領として代官が治めていた。山中領は、上山郷、中山郷、下山郷に分かれ、黒沢家は、上山郷の代表者であった。旧住宅は、座敷、玄関など当時の有力者の居宅の特徴をよく表す貴重な住居として、１９７０年、国の重要文化財に指定された。

この辺りは鷹の生息地であり、毎年将軍家に鷹狩に用いる「巣鷹」を献上していた。黒沢家は、営巣地の御林守（管理者）の役目を負っていた。幕府は営巣地のある27の山を「御

クリの木を使い石を載せた屋根

当時の様式を残す貴重な遺産

巣鷹山」と指定し、それぞれに名前を付けた。1985年に、日航ジャンボ機が墜落した山は、「長岩御巣鷹山」という。

旧住宅は、18世紀中頃の建築とされる。玄関が幕府の役人を迎える「式台」、村役人の出入りする「村玄関」、普段使う「大戸口」と三つもある。「上段の間」「中段の間」など代官が訪問した時使う部屋、31畳半もある「ちゃのま」の周囲に、「主人部屋」「女部屋」「ひろしき」（使用人用）も見られる。

2階は蚕室で仕切りが無く、広い空間が広がっている。火鉢を何カ所にも置いて、部屋を暖めたそうだ。1階には、村人の争いごとに対処するための「おしらす」まである。有力者として集落をまとめ、村の安寧のため汗を流していたのであろう。「村長さん」は人望第一、威張ってばかりでは務まらない。中々骨の折れる役回りなのである。

江戸の将軍は、よく鷹狩に昂じていた。特に3代将軍家光と8代吉宗は、江戸やその近郊に広大な鷹場を設け、鷹匠役所を置いていた。今はビルに囲まれている東京・浜離宮も鷹場であった。御巣鷹山の鷹も多数放たれたであろう。当時、鷹は朝廷からの預かりものという位置づけで、将軍でも「御鷹」と呼ぶほどの貴重品であった。それを預かるのだから、大総代とは気苦労の多い役目であったに違いない。

【メモ】

●大総代

十カ所余りの村の庄屋、名主を支配し、行政の責任を担った。大庄屋。

●天領

江戸幕府の直轄領。当時は、支配所（処）、または御料所（処）と呼ばれた。明治時代、幕府の直轄地が天皇のものとなったときに、天領と呼ばれるようになったので、遡って江戸時代の幕府領も天領と通称するようになった。

●代官

主君、領主に代わって、任地の統治事務を司る者。上山郷は、岩鼻（高崎）にいた代官が担当していた。岩鼻代官所は、群馬郡、甘楽郡、緑野（みどの）郡など上野国８郡を治めた。

●巣鷹

雛の内に巣から降ろした鷹。巣立ち前後の雛からならすと、野に逃げ帰ることが少ない。

『旧黒沢家住宅』

【アクセス】

ＪＲ高崎線「新町」から日本中央バス。「学園入口」下車すぐ

【住所】

上野村楢原２００－９

2 「人間解放」に挑んだ高崎の人々

進雄神社、五万石騒動義人慰霊堂【高崎市】

明治維新によって、日本は近代国家としての夜明けを迎えたはずであった。しかしその光が地方に届くまでには、まだ暫くの時が必要であった。中央政府は変わっても、封建的な支配体制は残り、この国を覆っていたのである。

高崎藩城付5万石50村の領民も、いまだ重税に苦しめられていた。1869年、長雨により、高崎は大凶作に見舞われた。困窮極まった領民は、遂に減税要求を決断。約4400人の領民が天王の森に集まり、決起したのであった。大総代に、佐藤三喜蔵、高井喜三郎、小島文治郎を選出。3氏を先頭に、村の旗を掲げ高崎城へと行進。嘆願書を藩

高崎の人々が決起した天王の森

人々の勇気を記した「義人堂記」

主に提出した。

藩主大河内輝声《てるな》は、大豆と馬の飼料の減免などを認めたのみ。これに憤慨した領民は、岩鼻県に訴え、嘆願書を出した。しかし納得する回答は得られず、領民の抵抗は続いた。それに激怒した高崎藩は、大総代佐藤、高井の両氏を斬首、なおも抵抗が収まらないと見るや、小島氏も処刑、数十人を流罪、投獄した。

農民が決起した天王の森は、今の進雄《すさのお》神社。ここに減税を勝ち取ろうと、高崎一円の人々が参集した。維新のうねりが、人々を覚醒させたのである。「お上」には無抵抗で、されるがままだった人々の心の中に、抵抗の炎が燃え上がった。自らが立たねば、弾圧を払いのけることは出来ないと目覚めたのである。勇気ある先覚者の歴史が、このとき確かに刻まれた。

抵抗を続ける高崎の人々に対し、明治政府は地租改正を約束。ひとまず運動は収束した。１８７１年、廃藩置県断行。封建時代そのままに人々を支配していた高崎藩は、ついに消えた。高崎市江木町にある五万石騒動義人慰霊堂は、農民解放のため尊い犠牲を払った先人の遺徳を顕彰し、後世にその精神を伝えるものである。いつの時代でも、歴史の門を開け、歴史を形作ってきたのは、名も無き庶民の力なのである。

【メモ】

●岩鼻県

元の徳川領を管轄するため、廃藩置県に先駆けて置かれた。上野、武蔵の幕府領、旗本領を治めた。廃藩置県後、廃止された。

●進雄神社

古来、牛頭（ごず）天王宮と称していたが、明治後に現在の名称に改称。平安時代、清和天皇の勅諚により建立。武田、上杉、北条、高崎藩主など武家の信仰を集めた。

●地租改正

農民の土地の所有権を認め、地税は地価の一律３％と定めた。しかし小作農の負担は重いままで、地租改正反対一揆が各地で起こった。

●廃藩置県

維新後も、藩主は知藩事として、そのまま領地を支配していた。政府は、中央集権体制構築のため、全ての知藩事を解任し、全国に府知事、県令を派遣し、政府直接の支配下に置いた。

『進雄神社』

【アクセス】

ＪＲ高崎線「高崎」下車。東へ徒歩４０分

【住所】

高崎市柴崎町８０１

『五万石騒動義人慰霊堂』

【アクセス】

ＪＲ高崎線「高崎」下車。東へ徒歩２０分

【住所】

高崎市江木町２０８

3 「お西お東」は名主さまの代名詞

五料の茶屋本陣【安中市】

「お西お東」と親しまれている五料の茶屋本陣は、2軒の名主の邸宅であった。江戸時代、中山道を行く公家や大名一行の昼食や休憩の場、他の大行列が関所にかかっている間の待機場所として利用されていた。さらに明治天皇北陸東海御巡幸の際にも使われるなど、非常に重要な任務を担っていた。

お西お東とは、どちらも中島姓なので、区別するため位置関係から用いられた通称である。両家は、天文年間（1540年頃）、諏訪但馬守が松井田西城に館を構えたときの家臣中島伊豆直賢《なおかた》が祖と伝えられる。両家は、交代で五料村の名主を務めた。

1806年の火災で焼失したが、間もなく再建された。ほぼ同じ大きさ、構造である。

妙義山を借景にしたお西の庭園

分家お東も交代で名主を務めた

お西にある白砂を敷き詰めた日本庭園は、妙義山を借景にした中々趣のある庭園である。縁側に座ると小春日和の陽光が気持ちよく、心のとげの様なものが取れ、穏やかな気持ちになった。

今は両方とも史料館になっており、昔の生活用品、馬具や貴重な文書などが展示されている。高札に興味を持った。慶応3年、明治になる前年の文書は、「王政ご一新につき、朝廷の條理を追い、外国ご交際の儀おおせいだされ……」で始まる。外国人への無礼、殺害を厳しく罰するというお触れである。その一方で、キリスト教禁止の高札も。複雑な時代状況が読み取れる。

初代県令（知事）楫取素彦《かとりもとひこ》の書もある。君主を諫め、15年の間左遷された高崎藩士萓谷帰雲《すがやきうん》の詠んだ漢詩をしたためたものである。

清世蠲苛政
不須察異言

誰何人去尽（抜粋）
太平の世は時に苛政にいさぎよいものだ。苛政を行ってはならない。
為政者として都合の悪い意見にも耳を傾けるべきだ。でなければ誰も心が離れてしまう。
名県令として県民に慕われ、群馬県発展の礎を築いた楫取も感銘したに違いない。

【メモ】
●お西お東
お西に伝わる１６０１年の「五料村御縄打水帳」によると、この頃すでに土着し名主を務めていた。お西が本家で、お東は分家。１８３６～１８７２年に、一年交代で名主を務めた。
●名主
律令制が衰退すると、口分田の私有化や開発などを契機に、土地が特定の個人に集約されるようになった（名田）。名田の所有者を名主（みょうしゅ）。所従・下人に耕作させ領主が納税の義務を負った。江戸時代になると、名主（なぬし）と呼ばれ村役人の一種に。
●高札
古代から明治初期にかけて、法令を板面に記して往来の多い場所に掲げ、周知させた方法。
●菅谷帰雲
藩主松平右京亮の揮毫が藩主に相応しくないと諫めたところ、怒りに触れ１５年の間、武蔵野野火止に左遷された。

『五料の茶屋本陣』
【アクセス】
ＪＲ信越線「西松井田」下車。西へ徒歩３０分
【住所】
安中市松井田町五料５６４－１

4 人類史上に一際輝く功績

富岡製糸場【富岡市】

富岡製糸場が国宝に指定されたのは、世界遺産登録より遅い2014年12月。そのニュースに、私は不満な思いを抱いた。この国は、自国の宝を外国に教えてもらわなければ分からない。ノーベル賞受賞者が出ると、慌てて文化勲章を授与することを繰り返しているが、それと同じだと思ったからだ。

日本では、国の遺産の保護は慧眼を持った個人や民間の努力に委ねられることが多い。殖産興業政策の先頭を走った富岡製糸場だったが、財政負担が重く民間への売却が検討された。しかし応募はなく、閉鎖の方針が出された。それに真っ向から反対し、存続を国に進言したのが群馬県初代県令（知事）楫取素彦であった。

見学者を迎えるお富ちゃん

東繭倉庫。レンガは甘楽町製

１９３９年、片倉工業（当時は片倉製糸紡績）が製糸場を傘下に収めた。「この由緒ある工場を永遠に存置せしむるため、外に委任すべきところなし」。譲り受けるに際し、片倉工業は決意したという。しかし製糸で日本の戦後復興を支えた片倉工業であったが、生糸の需要減少、産業構造の変化には耐えられなかった。１９８７年、遂に操業停止。

「売らない、貸さない、壊さない」。片倉工業はこの信念の下、18年間建物を守り抜いた。維持には、年間1億円もかかったという。２００５年、富岡市に無償譲渡。富岡市は、世界遺産登録を目指す。登録には、「人類史への貢献」という物語が不可欠だったという。評価されたのは、高価な絹の量産化と大衆化。王族や貴族など特権階級が独占していた絹を、庶民に身近なものにした。米国では、富岡の絹のストッキングが女性に大人気だったそうだ。

我々庶民とは縁遠い、何か高尚なものに価値があると思いがちだが、それは誤り。生活に密着し、人々に幸福をもたらすものこそ世界遺産に相応しい。今、製糸場は観光客が押し寄せた頃と違い、少し寂しい。お富ちゃんも悲しそう。ここは、豪華な建物や風光明媚を楽しむ場所ではない。人類の英知と努力、苦闘を学ぶ場であることを忘れないように。

【メモ】

●国宝に指定

繭から糸を取る繰糸場、繭を乾燥・貯蔵した東西繭倉庫が指定された。

●世界遺産

ダムに沈むエジプトのアブ・シンベル宮殿や水害に遭ったイタリア・ベニス救済の運動から発展し、人類の遺産を守ろうという条約が１９７２年成立。文化遺産、自然遺産、複合遺産の３分類がある。

●片倉工業

１８７３年、片倉市助が長野県諏訪郡川岸村（岡谷市）で座繰（ざぐり）製糸を始めたのを嚆矢とする。１９９４年に製糸から撤退。現在は、不動産、小売り事業などを手掛ける。

●お富ちゃん

富岡を元気にし、魅力をＰＲするため、２０１２年に誕生。富岡の富、生活を豊かにする富から命名された。工女をイメージしている。

『富岡製糸場』

【アクセス】

上信電鉄「上州富岡」下車。南へ徒歩１５分

【住所】

富岡市富岡１－１

5　県民永遠の誇り――「ここに泉あり」

群馬交響楽団【高崎市】

群馬音楽センターの庭に、石碑が立っている。碑文には、「昭和三十六年ときの高崎市民之を建つ」。音楽センター建設に当たって、当時の高崎市内の全世帯が募金活動に協力したことを誇りとする碑である。ここを拠点に活動する群馬交響楽団(当時、高崎市民オーケストラ)が誕生したのは、終戦から3カ月後の1945年11月。戦争で打ちひしがれた人々の心に希望の灯をともしたいと、音楽好きの有志が結成した。

プロ化を図るが、赤字続きで存続すら危うい。苦肉の策として考えられたのが、「移動音楽教室」であった。団員は重い楽器を背負い、県内各地の学校を回って、音楽の楽しさを子供たちに伝え続けた。私の妻も子供の頃、移動教室に希望をもらった一人である。

群響の原点「音楽センター」

高崎市民の誇りがここに

映画「ここに泉あり」が封切られたのは、1955年。高崎出身の小林桂樹や岸恵子らが出演し、大ヒット。全国で300万人の観客を動員したという。この映画により、群響は地方文化開拓の先駆者と注目を集めるようになった。しかしそれだけでは満足しない。世界に通用するオーケストラになり、県民に最高の音楽を届けたい——。一地方都市のオーケストラが、途方もない夢を抱いた。

1963年、ヨーロッパで活躍するハンス・ヘルナー氏の招聘に成功。田舎の楽団の情熱、執念が、世界的な指揮者の心を動かしたのだ。その後も、著名な音楽家が常任指揮者に就任している。若き小澤征爾氏も指揮を執った。「群響が初めて指揮したプロのオーケストラ」と語っている。

喫茶店の2階で練習していた小さな楽団が、世界へ羽ばたいた。

皇族や外国王族も鑑賞し、海外の音楽祭に招待されるようになった。草創期の人々の壮大な夢は、現実のものになった。初代事務局長などを務め、群響を支えた丸山勝広さんは語っていたそうだ。「日本が平和を訴えるには、文化をおいてない」。移動音楽教室は、2014年までで、622万人以上が鑑賞している。

【メモ】

●群馬音楽センター

帝国ホテルを設計したF・L・ライトに師事したチェコ人アントニン・レイモンドが設計。建設に際し、市民の寄付が1億円集まった。日本のモダニズム建築の代表の一つとされる。

●群馬交響楽団

戦後の荒廃の中、文化を通した復興を目指し創設。1947年、プロに。同年、安中市で初の移動音楽教室を実施。63年、群馬交響楽団。

●ここに泉あり

松竹配給。監督・今井正。作曲家の山田耕筰が本人役で出演した。丸山勝広氏の友人の映画プロデューサー市川喜一氏が楽団の活動に感動し、映画化を企画。公開翌年、群馬県は全国初の「音楽モデル県」に指定。

●小林桂樹

日活に入社。太平洋戦争で徴集され、復員後の52年、東宝へ。「ここに泉あり」で、毎日映画コンクール助演男優賞。学生時代、朝日新聞校閲部でアルバイトをしていた。

『群馬音楽センター』

【アクセス】

ＪＲ高崎線「高崎」下車。西へ徒歩15分

【住所】

高崎市高松町28－2

6 疾風の如く——高崎の名馬達

高崎競馬場跡【高崎市】

中央競馬から転入し、連戦連勝と旋風を巻き起こしたユートピアオー、昭和50年代に活躍した高崎の怪物・アカギタタン、高崎での実績を引っ提げ、中央競馬に挑戦したカツノコバン……かつて高崎競馬場を疾走し、ファンの心を熱くした名馬達……。競走馬の姿が高崎から消えて久しい。私の住むマンションから見えていた競馬場は、コンベンション施設になった。人で埋まっていたメインスタンドも、人々の記憶の中にしかない。

高崎競馬の歴史は1895年、日清戦争戦勝祝賀競馬が、乗附練兵場で開催されたことに始まる。1923年、岩押町に競馬場が開設。右回り800メートルの馬場であった。

馬場は雑草が生い茂っていた

スタンドの姿は今はない

翌年、県畜産組合連合会主催による優勝馬景品付競馬が開催された。勝馬投票券は、1枚1円、最高払戻金額は10円に制限されたそうだ。

太平洋戦争で、競馬は中止を余儀なくされた。46年、前橋敷島公園で再開。48年には、第1回県営競馬が高崎競馬場で開催された。戦後復興の使命を担った地方競馬であった。収益金は、県の復旧に多大な貢献をしただろう。福祉事業の貴重な財源にもなった。しかし地方競馬は、バブル期をピークに売り上げが減少。廃止される競馬場が相次いだ。

２００4年、高崎競馬場も遂に閉鎖。解体工事中、中に入ることが出来た。私もコースを歩いてみた。ジョギングする人、散歩する親子もいた。草が無造作に生え、廃墟という感じ……。歩くと、その広さが実感出来る。そこをわずか1、2分で馬達は駆け抜けるのだ。無数のドラマが生まれ、多くの人々が熱狂した。

1992年、高崎に初の女性騎手米田真由美がデビュー。女性騎手の歩みは、偏見との戦いでもあった。第一号とされる斉藤澄子は、風紀を乱すと言われ、髪を切り胸に晒を巻いて訓練に励んだという。試験に合格したが、女性という理由で騎乗が叶わなかった。米田騎手は、出走1839、139勝という見事な戦績を残した。

【メモ】

●高崎競馬場

１９２３年、高崎常設倶楽部設立、競馬場建設。１９３０年、倶楽部の経営難で高崎市に譲渡。１９４８年、競馬法施行により公営競馬に。

●乗附練兵場

高崎城の西側に設置。烏川の西岸、現在の八千代町辺り。飛行場にする計画もあった。

●地方競馬

明治以降、洋式競馬が各地で行われるようになり、こうした競馬を政府の統制下に置くため１９２７年、地方競馬規則が施行。法令用語として「地方競馬」が使われる。競馬法施行により現在の形に。

●女性騎手

斉藤澄子は１９３６年、京都競馬倶楽部の騎手免許試験に合格したが、帝国競馬協会は免許を認めなかった。実質的な第一号は、６８年デビューの高橋優子（水沢）とされる。

『高崎競馬場跡』

【アクセス】

ＪＲ高崎線「高崎」下車。南東へ徒歩１５分

【住所】

高崎市岩押町１２－１６

7　現代に甦る「羊伝説」

多胡郡正倉跡【高崎市】

世界記憶遺産に登録された上野三碑の一つ、多胡《たご》碑。その近くの遺跡から大きな倉庫跡が発掘された。直径1メートルの礎石が並び、大量の瓦も出土した。調査の結果、奈良時代の最高級の建築様式とされる総瓦葺の礎石建物であることが判明した。東西16・8メートル、南北7・2メートルにもなる大規模な倉庫だったと推定されている。

宮殿や寺院級の建物で、周辺には穀物などを納めた倉庫群（正倉院）跡も発見されていることから、その中でも最も格式の高い「法倉」とみられ、郡衙（郡役所）の中心施設と考えられる。瓦の模様から、8世紀前半に建てられたと推定される。多胡碑には、711

発掘された大きな倉庫跡

大きな礎石に目を見張る

年の「多胡郡」建郡について書かれており、その国家的事業を裏付ける発見であるという。

　現場は近くに鏑川が流れ、家屋も点在している。市民の憩いの場にもなっている運動公園もそばにある。多胡碑のある「いしぶみの里公園」の南側に位置する遺跡である。１３００年前の空間が、我々の眼前に現れたのである。古代の群馬の人々がどのように生きていたのか、非常に興味深い。遺跡は、「多胡郡正倉跡」と命名された。

　多胡碑の碑文には、「羊に給いて多胡郡となせ」とある。羊とは何を意味するのか、現在でも解明出来ない謎である。羊なる人物に、多胡郡の郡司を任せるとする説が有力だそうだが、他にも方角説、略字説などがあるという。人を意味するなら、どんな人物だったのだろうか。羊がつく姓は、日本では中々お目にかからない。多胡とは、「胡人（西方の人）が多い」という意味。つまり外国人が多く住んでいた地域である。ならば羊とは、渡来人だろうか。

地元には、羊太夫の伝承がある。——人望厚き地元の豪族羊太夫は、朝廷に謀反の疑いをかけられ、大軍の攻撃を受ける。戦いに敗れると蝶となり、さらに鳶に姿を変え、池村に去ったという——人々は多胡碑を「ひつじさま」と祀り、大切にしていたそうだ。

【メモ】

●世界記憶遺産

歴史的記憶物の保護のため、ユネスコが1992年から取り組んでいる。マグナカルタ、フランス人権宣言、ベートーベン交響曲第9番自筆楽譜、アンネの日記などが登録されている。日本では、山本作兵衛炭坑記録画、御堂関白記などが登録。

●上野三碑

登録は、2017年。いずれも高崎市内にある。多胡碑、山上（やまのうえ）碑（7世紀後半）、金井沢（かないざわ）碑（8世紀前期）。

●多胡碑

楷書体で、中国六朝風を遺すとされる。古代群馬は海外交流が活発で、高崎・吉井地区には外国人が多かったらしい。碑には建郡責任者として、藤原不比等が名を連ねる。

●倉庫跡

高床式の建物であった。礎石には、上流域の下仁田、神流町あたりの石が使われている。瓦葺きの正倉の発見は県内初で、全国的にも希少であり、建郡が国家的事業であったことをうかがわせる。出土瓦から、9世紀まで存続したとみられる。

『多胡郡正倉跡』

【アクセス】

上信電鉄「馬庭」下車。西へ徒歩20分

【住所】

高崎市吉井町池

8 謎秘める上州の南蛮絵

満福寺【藤岡市】

南蛮文化とは、キリスト教伝来以来、日本に導入された西洋文化のことである。切支丹文化ともいう。室町時代末期から江戸時代初期にかけて、スペイン、ポルトガルなどの宣教師、貿易商らからもたらされた。医学や天文学、芸術さらには鉄砲製造など幅広く、日本に与えた影響は大きかった。

南蛮文化は、庶民の中にも広がり、カッパ、カステラ、コンペイトウなど、現在にまで続いている。油絵や銅版画の技法も伝わり、その波は中世上州にも及んだようだ。藤岡・譲原《ゆずりはら》の満福寺に伝わる達磨図、王侯、騎士図は、桃山時代の作とみられる。西洋の絵画を

古刹に相応しい重厚さ

泰西王侯図説明板

手本に、岩絵の具など日本画の材料を用いて描かれた。3点とも作者は分からない。

王侯、騎士図とそっくりな絵画がボストン美術館にある。同じような達磨図は、大阪にもあるそうだ。寺の絵は、南蛮文化に触れることの出来た者の作品だろうか。切支丹だった可能性もある。満福寺の墓地には、十字のある石墓があるそうだ。無縁仏だという。地元の名家には、捕らわれ牢死した切支丹と、その縁者の動向を幕府に報告した「切支丹類続帳」が伝わるという。

満福寺は鎌倉時代、真下氏の開基とされる。真下氏は、武蔵七党の一つ児玉党に属したとされる武士団である。武蔵七党とは、関東に勢力を持った同族的な武士集団である。数え方は諸説あり、9集団ほどあったとみられる。児玉党は最大勢力で、武蔵国児玉郡（埼玉県児玉郡）から秩父、入間、上野国南部を支配していた。真下氏は児玉氏の分家で、児玉郡の真下を与えられ真下を名乗った。

隠れ切支丹のものと見られる墓は、高崎、館林、川場など県内各地で発見されている。布教活動は日本各地で活発に行われた。上州でも多くの信者が生まれたのだろう。真下氏ゆかりの人物もいたに違いない。その中に、宣教師から絵を習った者がいたのではないか。そう考えると、ここに絵があっても不思議ではない。

【メモ】

●満福寺

開山は１３５８年と伝わる。火災で焼失したが、１６９８年に本堂再建。時宗寺院。

●達磨図、王侯、騎士図

達磨図は県指定重要文化財。王侯、騎士図は泰西王侯図といい、国の重要文化財。三幅とも県立歴史博物館に保管。

●武蔵七党

武蔵国は台地が多く、渡来人などが牧畜に従事していた。そこから中小武士団が発生した。坂東武士は源平合戦でも活躍した。武蔵七党との呼び名は、南北朝以降らしい。横山、村山、児玉、猪俣などが知られる。

●児玉党

本姓は有道。児玉、本庄、塩谷、四方田などがある。本拠は、現在の埼玉県本庄市。真下は、室町時代から戦国時代にかけて関東管領山内上杉に従っていた。１５５１年、北条に攻められ、譲原の真下城が落城。真下氏は帰農した。

『満福寺』

【アクセス】

ＪＲ高崎線「新町」から日本中央バス。「満福寺入口」下車すぐ

【住所】

藤岡市譲原乙３１７

9 「歴史」を残した古里への郷土愛

譲原遺跡【藤岡市】

譲原《ゆずりはら》小学校は1975年廃校になったが、校舎は今も残っている。その横に、履屋に保護されて、縄文時代の住居跡が保存されている。遺跡が発見されたのは、1937年。譲原小が、美原小学校譲原分教場であった頃である。校内を整地していた時に発見され、教員であった故飯島勘一氏が、縄文時代の住居跡だと気付いた。

遺跡は敷石に囲まれた炉跡で、縄文時代後期から晩期初頭のものとみられる。4個の岩で長方形に作られ、周囲は粘土で固められており、その上に大小の石が敷き詰められている。敷石に使われているのは、この地域の特産「三波石」である。1948年、国指定史

今も残る譲原小校舎

炉跡。三波石を使用している

跡になった。

神流川流域では、上流の上野村から旧鬼石町にかけて、縄文遺跡は幾つも発見されている。遺跡自体は、それほど珍しいものではないそうだ。県内には、もっと大きい遺跡もある。それなのにここが国指定史跡になったのは、地元の人々の保存運動の賜物なのである。飯島先生らが声を上げなければ、破壊され歴史に残らなかったに違いない。人々の郷土愛が、史跡指定に結実したと言っても過言ではない。

覆屋の中に広がる数千年前の世界に触れた。何世代にも亘って使われていた家であろうか。ここに、どんな家族の歴史があったのだろう。炉を囲み、色々なことを話し合っていたに違いない。覆屋の壁の年表を見ると、炉を持つ住居が広がるのは、紀元前4千年ほどからだという。その頃から、家族の結びつきが強くなったのではないだろうか。

学校建設の作業中にも、土器や土偶が発見されていた。飯島先生は、ここには大昔から人が住んでいたと児童に語っていたそうだ。それが誇りとなり、子供たちに郷土愛が芽生えたのではないだろうか。ここには道の駅や市の施設があり、多くの人が訪れる。校歌の碑や学校の歴史を記した碑を見て思う。子供達の郷土愛が無ければ、学校も遺跡も忘れられてしまったに違いないと。

【メモ】
●譲原小学校
　１８７４年、譲原村、保美濃山村、坂原村が連合して設立した坂原学校に始まる。１９７５年、鬼石小学校と統合。
●住居跡
　炉は、５５センチ×４４センチ、深さ３６センチ。一帯は川に接した南向き斜面で、日当たりがよく、大きな集落があったとみられている。動植物が豊富で、食糧調達にも適していたとされる。
●縄文時代
　鬼石地区では縄文前期から晩期の遺跡の分布が認められる。鬼石は、出土土器の比較から、関東と長野方面との交易路としての役割があったとみられる。
●三波石
　藤岡市・旧鬼石地区の神流川河原にある青色結晶片岩。色が褪せず、庭石などに利用される。三波石峡登仙橋近くに並ぶ三つの名石が、波模様をしていたことが名の由来との説が有力。

『体験学習館ＭＡＧ（譲原遺跡、小学校跡）』
【アクセス】
　ＪＲ高崎線「新町」から日本中央バス。「体験学習館マグ」下車すぐ
【住所】
　藤岡市譲原１０８９－２

10 「バラの詩人」――深い憂慮を秘め

大手拓次【安中市】

詩人大手拓次《おおてたくじ》は、磯部温泉の名門旅館の家に生まれた。生前一冊も詩集を出さなかったが、萩原朔太郎は、「私は詩集『青猫』において彼の影響を多分に受けている」と書いた。朔太郎、室生犀星とともに、北原白秋門下の三羽ガラスといわれたが、世に知られることなく、埋もれたまま終わった。

家業を継がず、早稲田大学英文科に進学。成績不良で、2度落第。卒業したが、なかなか就職出来ず苦労した。29歳でライオン歯磨本舗に入社し、文案係に。今でいうコピーライターである。極めて優秀なコピーライターだったそうだ。独学でフランス語を習得し、詩を原文で読んでいた。特にボードレールに心酔した。会社では、和風の着流し姿で通し、

磯部公園の大手拓次詩碑

碑に刻まれている詩

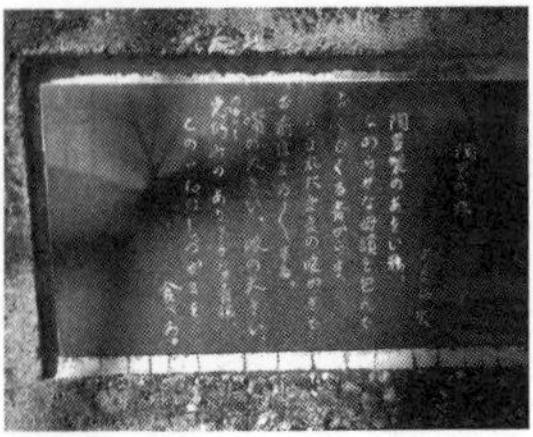

フランス語の本と辞書を手元に置いていた。人付き合いもなく気難し屋で、誤解されることもあったようだ。「大手君は頑固な所があって偏屈で不規則で」と当時の重役が、追悼座談会で述べている。

わが胸に　千鳥ぞ啼けり　このゆふぐれに
きみのけはひの　ちかければ　（「千鳥ぞ啼けり」から）

深い憂慮を秘めた「幻夢と暗鬱な香気」が特徴だったという。女性への思慕を読んだ詩も多いが、生涯独身であった。

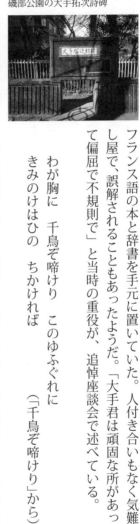

かの秋の日の　芙蓉に似たる　すがたをば
ふたたび　われにみせよかし　（「ふたたび見むことを」から）

中学時代に中耳炎を患ったせいか、難聴と頭痛に悩んだ。眼疾、結核などで、入退院を繰り返した。47歳の時、結核で死去。死から3年後、会社の同僚で友人であった版画家の逸見享《へんみたかし》の尽力によって、詩集「藍色の蟇《あいいろのひき》」が出版された。その後、「蛇の花嫁」「異国の香」「詩日記と手紙」が相次いで刊行された。女性をバラの花に譬えるなど、「バラの詩人」と呼ばれる。磯部温泉近くの公園に、郷土ゆかりの詩人として詩碑がある。命日の4月18日前後に、「薔薇《バラ》忌」が開かれる。墓へバラを献花し、詩を朗読する。

【メモ】
●大手拓次
　１８８７～１９３４年。北原白秋主宰の「朱欒（ざんぼあ）」に、吉川惣一郎のペンネームで詩を発表。以後、白秋の創刊する「地上巡礼」「ＡＲＳ（アルス）」「近代風景」などで詩作を続けた。生涯の作品は、２４００にのぼる。
●北原白秋
　福岡県出身。明治・大正・昭和を代表する詩人。代表詩集に「邪宗門」「思ひ出」「桐の花」など。児童芸術雑誌「赤い鳥」を舞台に、新しい童謡運動を行った。
●ライオン歯磨本舗
　洗剤、石鹸、歯磨きを手掛ける現在のライオン株式会社。１８９１年、小林富次郎が創業。
●逸見享
　和歌山県出身の版画家。ライオンの意匠部に勤めていた。

『磯部公園（文学碑）』（関係箇所）
【アクセス】
　ＪＲ信越線「磯部」下車。北へ徒歩１０分
【住所】
　安中市磯部１－１２－２１

11　「♨」は「お伽話」への入り口

磯部温泉【安中市】

２０２０年の東京五輪に向け、温泉マークである「♨」の変更が検討されたが、有名温泉地の反対もあり、存続することになった。国際標準規格マークと併用されることが決定したのだ。このような案内マークを「ピクトグラム」といい、世界中で使用されている。非常口やトイレのマークなら、誰でも知っているだろう。このピクトグラムは、前回の東京五輪の際、何の施設か外国人にも分かる様にと、日本で誕生したものである。

「♨」は、磯部温泉が発祥の地とされる。１６６１（万治４）年、土地の境界を巡る訴訟で、評定所（当時の裁判所）が出した評決文の地図に、「♨」が描かれていた。これが最

磯部温泉の碑にある温泉記号

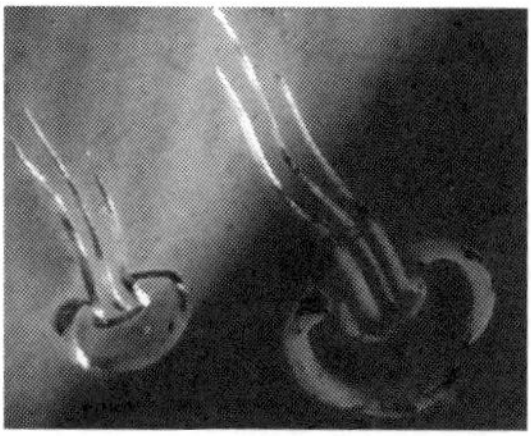

右が国際標準の温泉マーク

古の使用例とされているためである。

変更論が出たのは東京五輪を控え、このマークが外国人に分かりづらいとの意見が多かったため。外国人には、「♨」を見て温かい料理を連想するなど、温泉と結びつかない意見が目立ったという。しかし私には、国際規格のほうは混浴のように見え、あまり好感が持てない。もっとも感じ方は、人それぞれだとは思うが……

磯部温泉は舌切り雀のお話でも知られた温泉。磯部駅で降り、温泉入り口の門をくぐると、お伽話の世界が広がる。俗世間の雑踏から離れた、「昔々、あるところ」の世界である。「♨」もそれを演出している。長らく親しまれた「♨」は、単なるマークではないのだ。

体や心を癒しに、古くから多くの湯治客が訪れた。東京の奥座敷として、経済人や文学者にも親しまれた。温泉近くの磯部公園には、有名詩人・歌人の歌碑が並んでいる。幾多の詩人に愛された証しでもある。

湯の町の　葉ざくら暗き　まがり坂
　曲り下れば　渓川の見ゆ
　若山牧水

若山牧水も、妙義山登山のため訪れている。妙義山を望む碓氷川の清流沿いに開けた桃源郷に、心癒されたに違いない。碓氷川の渓流を眺めながら、お伽話の世界に浸っていたのだろうか。

【メモ】

●ピクトグラム

絵文字、絵単語などと呼ばれる視覚記号。ＪＩＳ（日本工業標準）で１０４項目、ＩＳＯ（国際標準化機構）では、５７項目が決められている。

●磯部温泉

１７８３年の浅間山の噴火で湧出。１８８４年に信越線が開通すると、道路、旅館、公園が造られ、温泉街として発展した。

●舌切り雀

各地に様々なバリエーションがある。話が伝わる地の一つである当地を、明治の文豪巌谷小波（いわや・さざなみ）が訪れ、児童文学として書き上げたため、伝承発祥の地を名乗る。

●桃源郷

中国、六朝時代の東晋の詩人陶淵明の「桃花源記」が出処。俗界を離れた世界、仙境。

『磯部温泉』

【アクセス】

ＪＲ信越線「磯部」下車すぐ

【住所】

安中市磯部

12 戦場に散った高高の鉄腕サウスポー

三輪八郎【高崎市】

1940年8月3日、満州での巨人・阪神戦。阪神の三輪八郎投手は、巨人打線相手に、ノーヒット・ノーランを達成。左腕から繰り出す剛速球と伝家の宝刀・ドロップが冴えわたり、川上、千葉といった強打者を翻弄、完全に抑え込んだ。これは阪神の投手として、初の快挙であった。三輪は旧制高崎中（高崎高）からプロ入りし、まだ2年目。将来を嘱望された期待の若手であった。

1941年、太平洋戦争勃発。戦況の悪化する中、1943年、三輪は徴兵され、北支戦線に送られた。「突撃をして中隊長以下死傷者続出し、全滅に近い打撃を受けても、な

片岡小出身者の慰霊碑

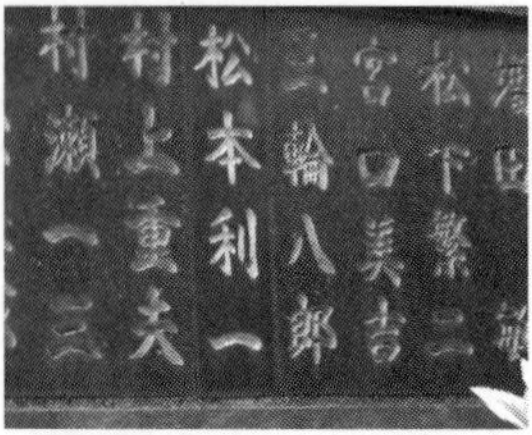

鎮魂の碑に三輪の名も

お屈せず突撃するという中隊は二、三にとどまりませんでした」「目、口、鼻等の身体の穴という穴からは蛆虫がわいており……」——北支戦線に従軍した元兵士の手記である。そこで栄光のノーヒッター投手は戦った。1944年に戦死、22歳だった。

　高崎の護国神社の境内に、「嗚呼戦没級友之碑」と刻まれた碑がある。春にはその碑を守る様に、可憐な白いツツジの花が咲く。市内片岡小の卒業生たちが、戦死した同級生の慰霊のために建立した。犠牲者14人の中に、三輪八郎の名も刻まれている。惨禍を繰り返すな——そう訴えているようだった。

　東京ドームの一角にある「鎮魂の碑」は、第2次世界大戦で戦死したプロ野球選手慰霊のため、1981年に建立された。そこに三輪八郎の名も。初代ミスタータイガース藤村富美男が語っていたという。「速球で勝負出来た左腕は、三輪と江夏のみである」。戦争がなかったら——背番号「38」は、どれだけ輝いたことだろう。

神社のそばには、三輪の母校高崎高校のグラウンドがある。三輪の後輩の野球部員達が、練習をしていた。平和の世で、白球を追う後輩の練習風景を、毎日見守っているのだ。一心不乱に白球を追う姿に、三輪の姿がだぶる。きっと自分と同じユニホームに身を包んだ後輩達に、励ましのエールを送っているに違いない。

【メモ】

●三輪八郎

片岡村（高崎市）出身。甲子園出場は無いが、旧制桐生中（桐生高）の稲川東一郎監督の推薦で、阪神に入団。実働５年。生涯成績３２勝３１敗。１９４０年には、１６勝（５敗）を挙げた。

●北支戦線

北支（中国北部）は、日中戦争の主戦場であった。国民政府と共産党は、対立をやめ（国共合作）抗日民族統一戦線を築いた。

●護国神社

明治維新以来の国難に殉じた人々を祀るため、各地に招魂社が建立された。群馬県出身者の御霊を祀る招魂社が高崎に建立されたのは、１９０９年。１９３９年、護国神社に改称。

●藤村富美男

呉港中時代、投手として元巨人・川上哲治のいた熊本工を破り、甲子園で優勝。阪神球団創設時のメンバー。「物干し竿」と呼ばれる長いバットで、赤バットの川上に対抗した。

『護国神社』（関係箇所）

【アクセス】

ＪＲ高崎線「高崎」から市内循環バス。「護国神社前」下車すぐ

【住所】

高崎市乗附町２０００

13　群馬の誇りは「なんじゃい」

南蛇井駅【富岡市】

群馬の誇る自慢というと、何があるだろう。草津、伊香保といった温泉郷、「富岡製糸場」などの世界遺産、尾瀬に代表される豊かな自然……そしてもう一つ。私は鉄道マニアの間では有名な、上信電鉄の「南蛇井《なんじゃい》」駅を挙げたい。富岡市南蛇井にあり、地名が駅名になった。日本中からこの珍名駅に、マニアがやって来るという。

南蛇井の由来を調べると面白い。――鏑川畔に温井《ぬくい》という、冬は温かく夏は冷たい泉があり、そこへ蛇が集まり、夏には暑さを、冬は寒さを凌いでいた。泉は南にあったので南蛇井となった――。人物に由来する伝承もある。――天智天皇の頃、南蛇井三郎忠綱という武将がいた。――武田信玄の武将が書いた書物の中に、南蛇井太郎重秀という人物が出てくる——などだ。

文献による研究では、平安時代の辞典「和名抄《わみょう》」に、上野国甘楽郡の那射《なさ》郷という地名があり、それが変化したとする。さらに、アイヌ語の「川が流れていて広いところ」という意味の「ナサ」が語源だとの説や、土地を表す「ナ」、狭いの「サ」がナザ、ナジャに変化し南蛇と漢字をあて、付近に井戸があるので、井を付けたとの説も。結局、由来、語源はよく分からないらしい。

この駅では春になると、廃線路の間に、小さな赤紫色の花の群落が見られる。オキナグサといいキンポウゲの仲間で、昔は沢山見られたそうだ。しかし乱獲や土地の改変などで減少し、今は絶滅危惧種に指定されている。種子がお爺さんの白髪のようにみえるので、この名がついたという。駅の花壇から種子が風に吹かれ、日当たりや水はけのいいバラスト（砕石）に根を張ったそうだ。

廃線に咲くオキナグサ

珍名駅の代表「南蛇井」

ここに生育するのは、偶然ではない。駅員さん達が、丹精込めて育てているからだ。何年にもわたる地道な労作業の成果なのである。群馬の誇りは「なんじゃい」と聞かれれば、労を惜しまず、地道に陰の作業に徹する無名の人々の存在を挙げたい。群馬を支えているのは、称賛されることは無くても、縁の下から地域を支える市井の人々なのである。

【メモ】

●南蛇井

駅は、１８９７年開業。駅から神成山へのハイキングコースが整備されている。オキナグサは、３月下旬〜４月上旬に成花期を迎える。

●和名抄

和名類聚抄（わみょうるいじゅしょう）。平安時代中期に編まれた日本最初の辞書。源順（みなもとのしたごう）が編纂。源順は歌人で学者。三十六歌仙の一人。

●那射

古墳時代〜律令国家成立の頃に、那射郷はあったとみられる。江戸時代、徳川光圀が編んだ「大日本史」に「那射、今ノ南蛇井村」とある。

●絶滅危惧種

地球規模では、国際自然保護連合（ＩＵＣＮ）がレッドリストを作成。日本においては環境省などが作成する。ツキノワグマ、メダカ、植物ではキキョウなど。

『南蛇井駅』

【アクセス】

上信電鉄「南蛇井」

【住所】

富岡市南蛇井４９６－２

14 「自由」を目指した在野の巨匠

湯浅一郎【安中市】

神宮外苑の聖徳記念絵画館は、明治天皇と昭憲皇后の遺徳を記念するため建設された。丸い特徴的な屋根を持つ建物は、荘厳な雰囲気が漂う。そこには天皇、皇后の生涯を順番に辿る壁画80点が飾られている。いずれも日本を代表する画家が描いた重厚な作品である。日本近代史の象徴的な場面を描写した名画が並ぶ。

「赤十字社総会行啓」は１９０２年、上野公園で開催された赤十字社11回総会、創立25周年祝典で、皇后が壇上で祝意を述べる場面である。描いたのは、安中出身の洋画家湯浅一郎。湯浅は明治元年、醤油味噌醸造販売業の「有田屋」の長男として生まれた。父は日本

明治天皇の生涯を描く

同志社で湯浅は学んだ

で初めての民間図書館「便覧舎」を創設し、新島襄とも親交があった湯浅治郎である。

同志社英学校に学んだ後、山本芳翠の画塾に入門した。当時を「道も分からない有様だったので、ほとんど偶然にぶつかった人を、先生にしたという様な風で」と述べている。1896年、東京美術学校に新設された西洋画科選科に入った。まだ西洋画の認知度が低かった時代である。展覧会で、黒田清輝の裸婦画などの下半身を覆う「腰巻事件」などの珍事も起こった。

1905年、ヨーロッパに私費留学。最も感銘を受けたのは、スペインの画家ベラスケスであった。予定を変更してまで、1年間作品の模写に励んだ。ベラスケスは、「リアリストとして最高の境地に達している」と評価された画家である。湯浅は、パリのモンパルナスに住み、アカデミーで腕を磨いた。

女性の日常の姿、風景などを描いた。その特徴は、穏やかな写実にあるという。海の絵も多い。父の別荘のあった逗子から、しばしば題材を得ていたそうだ。古い価値観に固執する文部省美術展（文展）に対し、在野の二科会を創設した。流派に縛られず、自由な創作に価値を置いた。湯浅一郎は重鎮として活動を推進した。その中から、東郷青児、福沢一郎ら若い世代が台頭した。

【メモ】

●聖徳記念絵画館

１９２６年竣工。明治天皇誕生から崩御までの期間に起こった出来事を壁画にした。大政奉還、憲法発布式など、日本画４０点洋画４０点を収容。

●湯浅一郎

山本芳翠、黒田清輝に学ぶ。４年のヨーロッパ留学を経験。県出身の最初の洋画家といえる。サインには、キリスト教の聖人（聖イシドロ）から取った名「ＩＳＩＤＲＯ（イシドロ）」を使った。「一郎」と音が似ていることからと思われる。

●モンパルナス

パリ南部、セーヌ川左岸リュクサンブール宮殿南側の地区。モンマントルと並び、芸術家が多くアトリエを構えた。

●二科会

文展の洋画部に、第二科（新傾向の作品を集めた組織）設置を建議したが、受け入れられず、在野の美術団体として、１９１４年結成。現在は、絵画、彫刻、デザイン、写真部門などで展覧会を開催している。

『有田屋』（関係箇所）

【アクセス】

ＪＲ信越線「安中」下車。西へ徒歩３０分

【住所】

安中市安中２－４－２４

15

古里「箕輪」を描いたモダンアートの旗手

山口薫【高崎市】

高崎市のシティギャラリーに「朝昼晩」という壁画が飾られている。作者は旧箕輪村（高崎市）出身の洋画家山口薫である。東京芸大の教授を務め、サンパウロ、ベネチアなどの展覧会に出品を要請されるなど、日本を代表する洋画家である。榛名、赤城など古里群馬を描いた絵も多い。

旧制高崎中（高崎高）では、成績優秀な上、剣道、テニスさらに乗馬もこなす万能少年だった。姉に油絵具を買ってもらったことが、絵に興味を持つきっかけになったそうだ。生涯で１５００点もの絵画を描いたが、その原点が、少年の頃つけていた絵日記だという。

古里の妙義山を描いた

絵のあるシティギャラリー

東京美術学校（東京芸大）在学中、2年連続で帝展に入選。才能には恵まれていたが、卒業制作の「自画像」は、洋画学科40人中、下から3番目だった。卒業後、渡仏。セザンヌ、ゴーギャン、マチスなどの作品に触れた。帰国後は、モダンアート運動の中心的な存在となった。しかし最初の結婚に失敗。心労もかさみ、郷里で静養生活を送った。

「箕輪城跡」を描き再び画壇へ。古里は、大切な絵のモチーフであった。テーマ、色、形、絵のヒントは箕郷あった、としている。セザンヌが古里の「サント・ヴィクトワール山」をよく描いたように、妙義山や古里の山を描きたいと語っていたという。

残しておきたいものがある
私の手垢である　自分のために
（山口薫の詩「断章」から）

手垢とは、生きた証しだろうか。自らの精進、努力そして喜び、苦悩などを包摂した自らの命なのかも知れない。日本を代表する画家になったが、画業に傾けたその生き様こそ、誇れるものなのだ。

長年の飲酒癖がたたったのか、胃がんのため61歳で死去。その年の大晦日、愛犬の甲斐虎犬「クマ」が、後を追うように逝った。アトリエで過ごす時、庭のクマに語りかけていたそうだ。クマは、心許せる数少ない親友だったのかも知れない。

【メモ】
●「朝昼晩」
　１９５５年、新築される旧高崎市庁舎のため描かれた。現在の庁舎建設に伴い、シティギャラリーに移された。
●旧箕輪村
　１８８９年、町村制施行により、箕輪村成立。１９５５年、車郷村と合併し箕郷町に。２００６年、高崎市に編入。
●山口薫
　代々名主を務めた名家に生まれる。１１人きょうだいの末っ子。第一志望の学校に落ちて、進路変更した。１９５９年、毎日美術賞。１９６０年、芸術選奨文部大臣賞。
●モダンアート
　２０世紀になってから生まれた芸術。抽象主義などの芸術。山口はパリ時代の仲間と、新時代洋画展、自由美術家協会を結成し、その中心として活動した。

『高崎シティギャラリー』（関係箇所）
【アクセス】
　ＪＲ高崎線「高崎」下車。西へ徒歩１５分
【住所】
　高崎市高松町３５－１

16 失われた命への鎮魂歌

「南高崎」駅界隈【高崎市】

上信電鉄「南高崎」駅は、駅舎の無いホームだけの駅である。「下和田」停車場として、1935年に開業した。辺りは、田んぼが広がるのどかな光景だったそうだ。1952年、「南高崎」に変更。駅の南にセメント工場があり、駅まで専用の引き込み線があった。1994年に貨物輸送が廃止されるまで使用されたという。

駅の南にある荘厳寺《しょうごんじ》は、高野山真言宗の古刹である。ここの墓地には、白衣大観音を私財を投じて建立した井上保三郎が眠っている。井上は、井上組（後の井上工業）を創業。瓦斯、金融、製紙、製粉事業などを興し、高崎の産業界をリードした実業家であった。荘

寺院に地蔵菩薩が安置

南高崎駅の無人ホーム

厳寺で行われた葬儀では、八島町の自宅から寺院まで、参列者の行列が途切れることなく続いたそうだ。

ここには、崖崩れで犠牲になった城南小の4人の児童を慰霊する地蔵菩薩が安置されているお堂がある。1959年4月、城南小の校庭で野球の練習をしていた4人の児童が、校庭から崖下に落ちたボールを探していたところ、突然のがけ崩れに巻き込まれ、尊い命を失った。慰霊のため、現場近くの道路脇に地蔵菩薩が安置されたが、道路の拡幅に伴い荘厳寺に移されたという。

現在現場には、児童の名前が刻まれた慰霊碑が建っている。5年生1人、4年生3人だったそうだ――遺族の悲しみは、どれほど深かったことだろう。人生を全うすることは奇跡に等しいことだと思う。親から授かった尊い命、大切にしていかねば。今の、命を軽んじる事件のあまりに多いことに心痛む。

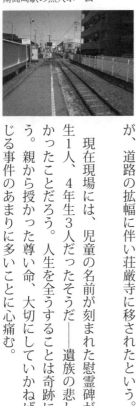

「下和田」停車場から「高崎」へ行くときは、窓口で「駅下さい」と切符を買ったそうだ。「高崎」を「駅」と呼んでいたからである。今は無人駅なので、そんなやり取りは無い。南高崎駅周辺は、私の散歩コース。しかしその歴史、起きた事柄は、ほとんど知らない。郷土愛を育むには、まず知ること。「郷土」に目を向けねばと思った。

【メモ】

●荘厳寺

１６３３年開山。明治まで琴平神社の別当寺であった（神仏習合思想の下、神社内で仏式の祈祷が行われ、神宮寺<付属寺院>が建てられた。神宮寺の一種・別当寺は、神社の祭祀、管理などの支配権を持っていた）。

●白衣大観音

１９３５年3月から建設に着手。１９３６年１０月に完成。高さ約４２メートル。胎内巡りが出来るように、9階建てになっている。

●井上保三郎

高崎市新町（あら町）の肥料、魚類を商う商人の家に生まれる。元々、観音像建設の構想を持っていた。１９３４年、陸軍特別大演習で、天皇に単独で拝謁した際、戦没者慰霊、国民思想善導、観光振興のために建設を決意した。

●地蔵菩薩

地蔵菩薩の建立は、１９５９年６月。移転は６０年頃。２０１３年に建立された真如堂に安置されている。

『上信電鉄「南高崎」駅』

【アクセス】

上信電鉄「南高崎」

【住所】

高崎市下和田町３－７－6

17 平民となった吉井の殿様

吉井信謹【高崎市】

幕末の動乱期、上州の小藩・吉井藩もその歴史の渦から逃れることは出来ない。藩主松平信発《のぶおき》は、陣屋の拡張、軍備の増強など時代への対応に追われていた。しかし信発には子がなく、米沢上杉家から養子を迎えた。それが吉井藩最後の藩主吉井信謹《のぶのり》である。わずか13歳で、10代藩主に就いた。

1867年、大政奉還。侍の時代は終わりを告げた。信謹は松平を捨て吉井を名乗り、新政府への恭順を示した。旧幕府残党が各地で抵抗戦（戊辰戦争）を繰り広げると、新政府軍に参加。小栗上野介討伐、会津藩追討にも関わった。版籍奉還、廃藩置県が断行され

陣屋跡近くの吉井駅

移築された陣屋表門

ると、上州諸藩の中で、いち早く応じた。
　身近に洋学者や渡欧経験者がいたため、適切に時代の風向きを読むことが出来たようだ。財政難、統治困難に陥ったことも、一因には違いない。吉井藩の知藩事となっていたが、吉井藩が岩鼻県と合併すると、信謹は半年で知藩事を辞し、東京へ。藩士の多くは、岩鼻県の役人になった。21歳で、熊本細川家出身の千枝子と結婚。長男は早逝したが、男子2人に恵まれた。

　明治に入り、吉井は一変した。富岡製糸場が出来ると、上野鉄道(上信電鉄)が開業。学校制度も普及し、近代化が促進された。吉井は養蚕と並び、葉タバコの生産も盛んな土地。町有志の誘致運動が実り、葉タバコ取扱所も開設された。町は、活況を呈した。

　政府から旧大名への家禄を給されていたが、26歳の時、突然千枝子と離婚。実家に戻ると、上杉信謹と名乗り平民となった。再婚し隠棲生活を送った。１９０８年、56歳で死去。時代に翻弄された生涯であった。吉井藩の陣屋は、上信電鉄「吉井」駅の南側周辺にあったが、面影を残すものは見当たらない。ただ陣屋の表門が郷土資料館傍に移設、保存されている。武士の時代の限界を悟っていた信謹が、上州の近代化の端緒を開いたといってもよいのかも知れない。

【メモ】

●吉井藩

徳川家康の関東入りに伴い、菅沼定利が多胡郡飯吉村（吉井）に立藩した。２度廃藩になったが、京都摂関家鷹司信平が松平を賜わり、支配した。陣屋は矢田にあり矢田藩と称したが、１８６４年、吉井に陣屋を移し吉井藩となった。藩主は定府（江戸在勤）大名。

●松平信発

岡山津山藩松平家出身。前藩主松平斉民（なりたみ）の後室が、実姉。勝海舟とも親交があった。

●吉井信謹

米沢藩主上杉斉憲（なりのり）の五男。欧州派遣使節団に随行した金上佐輔（かながみ・さすけ）が侍講（先生）であった。松平を捨てると、領内で大規模な世直し一揆が発生、吉井宿は大打撃を受けた。

●千枝子

熊本宇土藩主の娘。息子の信宝、信照と吉井家に残った。家督は、信宝が継いだ。

『吉井郷土資料館』（関係箇所）

【アクセス】

上信電鉄「吉井」下車すぐ

【住所】

高崎市吉井町吉井２８５

北毛・あんな話こんな話

18 「草津節」に秘められた物語

平井晩村【草津町】

草津よいとこ　一度はおいで
お湯の中にも　コリャ　花が咲くよ（チョイナ　チョイナ）

草津節の原型となった詩を作った平井晩村は、1884年、前橋市本町の酒造業の次男に生まれた。旧制前橋中学（前橋高）在学中、校長排斥のストライキに加わったかどで退学になったが、その後早稲田大学を出て報知新聞の記者になった。執筆活動には意欲的で、同僚の野村胡堂が賞賛したという。

妻を亡くし、幼子3人を抱えて前橋へ戻った。心の傷を癒すため草津温泉へ出かけた際、

湯畑では勢いよく温泉が流れる

平井晩村の歌碑が温泉街にある

湯揉みの拍子に合うような歌を作ってみようと、扇に筆を走らせた。

草津よいとこ　白根の雪に
　暑さ知らずの　風が吹く
草津よいとこ　里への土産
　袖に湯花の　香が残る

湯揉みをする客が調子をつける歌は、軍歌、民謡と様々だったそうである。大正時代、芸妓が客の歌う節回しを元に、三味線に載せてお座敷唄に仕立て上げた。これが草津節の節回しの原型らしい。それに晩村の詩が載り、いつしか草津節が形成されたのだろう。はやしも「チョコ　チョイ」だったが、「チョイナ　チョイナ」に変化し、それが定着した。呑気な感じだが、愉快でもあり優しさもあり、癒しに来た湯治客を迎えるのにピッタリの唄である。

平井晩村は結核で苦しみながら、子供を育てるために執筆に没頭した。

母無くも　父はありけり　父死なば　誰たよるらん　撫子の花

やがて死ぬ父とも知らで　日記つけて　褒められに来る　兄よ弟よ

幼子を残し、36歳で死去。前橋高校校歌の作詞は、平井晩村である。

【メモ】
●平井晩村
　本名・駒次郎。幼少期に父を亡くしている。民謡詩人としても知られ、俳句、民謡の雑誌「ハクヘイ」を創刊した。
●報知新聞
　１８７２年、郵便報知新聞として発足。１８９４年、報知新聞に。日本の女性記者第一号の羽仁（旧姓・松岡）もと子が在籍。１９４２年、読売新聞に吸収された。
●野村胡堂
　岩手県彦部村（紫波町）出身。東大を中退し、報知新聞に入社。社会部長、学芸部長を歴任。「銭形平次捕物控」の作者。
●草津温泉
　開湯伝承は様々ある。源頼朝が開いたとも伝わるが、信仰の山・白根山の麓、草津には修験者が集っていたことから、修験者が発見したのではないかとみられる。

『草津温泉』
【アクセス】
　ＪＲ吾妻線「長野原草津口」からＪＲバス。「草津温泉」下車すぐ
【住所】
　草津町草津

19 繰り返すまい――人類の過ち

重監房資料館【草津町】

かつてハンセン病は、不治の病、業病とされた。患者は忌み嫌われ、言われなき差別、仕打ちにさらされた。１９０７年、後の癩予防法成立（１９５３年に改正され、らい予防法）。国家の隔離政策の下、牢獄のような施設に入れられ、罪人同様の扱いを受けた。いや罪人なら、刑期を終えれば出獄出来る。患者は、一生そこに閉じ込められたままなのである。断種や堕胎手術が平然と行われ、死去すると葬儀もなく、遺体は谷底に投げ捨てられることさえあった。

「肩から真っ白な血の気のない腕が、必死になって外をまさぐり続けているのである」

忘れてはならない過ちを伝える

皮膚病に効くと患者が集まった

「やせて、汗かいて、病んで、尿やふんをたれ流し、それがふとんにしみ通り、凍ったふとんに寝てる」……重監房資料館には、そこに収監された患者の実態を物語った展示文がある。読むに堪えない悲惨な様子が書かれていた。まさに拷問である。

重監房とは、草津にあった「反抗的」とされた患者を懲罰目的で監禁するための施設である。監禁患者の選別は恣意的で、例えば患者の待遇改善を訴えただけで、「反抗的」と送りこまれる場合もあった。実体は患者を隷属させるため、合法的な人権弾圧に利用された「監獄」であった。

再現された独房は、電燈もなく小さな窓が一つあるだけ。板敷の部屋に、薄い布団しかなかった。食事は一日2回。朝は、具のない薄い味噌汁、おにぎり一個分の麦飯と梅干一個。夜は、麦飯に沢庵3切れ白湯一杯であったという。暖房も無く、冬は寒さに凍えた。収監者は延べ93人、死者23人に上った。

１９９６年、らい予防法廃止。２００１年の熊本地裁判決では、国家政策の誤りが断罪された。患者はやっと人間に戻った。偏見と差別の中で闘い、人間としての尊厳を自らの手で勝ち取った。しかし勝利を勝ち取るまで、あまりにも長い年月を要してしまった。差別意識の根深さを物語っている。高齢になった元患者の方々に代わり、過ちを繰り返すことのないよう語り継いでいくことを、我々の使命としなければならない。

【メモ】
●ハンセン病
「らい菌」に感染することで起こり、皮疹と知覚麻痺がある。１８７３年、ノルウェーの医師ハンセンがらい菌を発見し、治療の道が大きく開けた。現在では薬で完治する。病名は、ハンセン氏に由来する。
●癩予防法
制定当初、法律名はなかったが、１９３１年、癩予防法に。
●重監房資料館
１９３８～１９４７年まで存在した患者の懲罰施設を後世に残すために造られた。施設は「特別病室」という名称だったが、治療はなく各療養所にあった監房より重い罰を科したことから重監房と呼ばれた。
●熊本地裁判決
１９９８年にハンセン病施設入所者たちが国の政策の誤りを訴えた裁判の判決。患者側の全面勝訴であった。しかしその後も、熊本県で、患者の宿泊を拒否するホテルがあるなど、差別はなくなっていない。

『重監房資料館』
【アクセス】
ＪＲ吾妻線「長野原草津口」からＪＲバス。「草津温泉」下車。東へ徒歩５０分
【住所】
草津町草津白根４６４－１５３３

20　「雪山賛歌」と南極観測犬

鹿沢温泉【嬬恋村】

２０１３年に撤去されてしまったが、東京タワーの足元に、南極観測で活躍した樺太犬の記念像があった。タロとジロの話は感動物語として有名になったが、残りの犬は命を繋ぐことは出来なかった。記念像は、犠牲となった犬達の慰霊碑でもあったのだが……。歴史を語り継ぐためにも残してほしかったが、撤去は残念至極である。

日本の南極観測の開始は１９５７年。第１次越冬隊には、樺太犬もソリ要員として参加した。越冬隊長は西堀栄三郎であった。第２次越冬隊との交代は困難を極めた。分厚い氷と悪天候に阻まれ、観測船「宗谷」は立ち往生。隊員は小型機で帰還したが、天候は回復せず２次観測を断念。基地に残った犬達は置き去りになった。

タワーの下にあった観測犬の像

鹿沢温泉にある雪山賛歌の碑

雪よ岩よ　われらが宿り　おれたちゃ町には　住めないからに
山よさよなら　ごきげんよろしゅう　また来る時には　笑って
おくれ

西堀栄三郎は、「雪山賛歌」の作詞者としても知られる。京都大学山岳部時代の合宿で、悪天候のため嬬恋の鹿沢温泉の宿にこもっていた時、退屈しのぎに仲間達と作ったそうである。原曲が「オー・マイ・ダーリン・クレメンタイン」なのは、英語の授業で外国人教師にこの歌を習い、ラッセルをする時、よく歌っていたかららしい。

鹿沢温泉は標高1000メートルを越える高地で、季節の動きが平地とかなり違う。短い夏が終わると、秋は駆け足で通り過ぎてしまう。9月半ばでも半袖では寒い。1枚余計に着ておかないと、風邪をひいてしまいそうだ。連日テレビなどで、北関東の異常な暑さを報道していたのに、ここはまるで別世界。厳しい環境で育った野菜や川魚は美味である。

「ヒップのクマ」「ベック」「ポチ」……南極観測に参加したのは、北海道での厳しい訓練に耐えた22匹の精鋭。しかし病死や不明犬も出た。そして残された13匹は、遠い故郷を思いながら死んでいった。英雄「タロ」「ジロ」と共に、彼らも日本人の心に刻まれるべきであろう。

【メモ】

●樺太犬

樺太、千島列島で飼育されていた。北海道では、木材運搬、行商などの使役犬として使われた。車社会になると用途が無くなり、雑種化、エキノコックスなどでほぼ絶滅した。

●西堀栄三郎

京都市生まれ。民間会社勤務を経て京都大学教授。日本隊のマナスル登頂の際には、ネパール政府との交渉役を務めた。

●鹿沢温泉

６５０年には発見され、１６世紀には入湯施設があったとされる。１９１８年の火事で、大半の旅館が移転し新鹿沢温泉を形成。西堀らが泊まった旅館は鹿沢温泉に残っている。

●雪山賛歌

１９２６年、後の京大カラコルム遠征隊長四出井綱彦、アフガニスタン遠征隊酒戸弥二郎らと作った。作者不詳で歌われていたが、作詞の様子を知った京大教授桑原武夫が、西堀の作詞として著作権登録した。歌詞の「……からに」は京都言葉。

『鹿沢温泉』

【アクセス】

ＪＲ吾妻線「万座・鹿沢口」下車。南西へ車で３０分

【住所】

嬬恋村田代

21 関所破りに「情けの道」

大笹関所跡、抜け道の碑 【嬬恋村】

嬬恋村にあった大笹関所は、1662年に、沼田藩主真田伊賀守が開設した。沼田—吾妻—上田、高崎—仁礼—善光寺を結ぶ仁礼（大笹）街道を往来する荷物や人を管理した。関東と信州を結ぶ重要な街道ゆえ、取り調べは厳しかったようだ。関所の通過には、代官や名主の発行する「関所手形」が必要であった。手形を持たず関所を避け「間道」を通る者は、「関所破り」として、磔などの重罪に処せられた。

揚《あ》げひばり　見聞《みき》きてここに　休《やす》まふて　右を仏の　道としるべし　正道

関所跡から南へ3、4キロ進むと、「抜け道の碑」が建っている。この碑は1852年、

女性の取り締まりが厳しい

関所を避けた人々のドラマが

大笹宿の俳人佐藤正道によって建立された。時代が下ると、幕府の衰退と共に取り調べも緩やかになり、この碑が抜け道への道しるべとなった。「仏の道」とは善光寺への道であるが、無許可通行を助ける仏の慈悲のようにも読める。

抜け道は大笹宿から南へ行き、浅間山麓を迂回する険しい道であった。江戸時代は「入鉄炮に出女」と言われるほど女性の通行には厳しかったので、多くの女性は関所を避け、抜け道を通ったことから「女道」とも呼ばれた。

大笹街道は中山道や北国街道の脇往還であったが、近道になるので人や荷物の往来は本街道を凌ぐほどであった。しかし冬期は雪深く悪天候も多かったため、しばしば通行止めになった。それでも無理に通行する人がいたのであろう。仁礼峠には、命を落とした人々を供養する塔や多数の石仏がある。

碑の傍に、「行人塚について」という説明板があった。それによると、大坂夏の陣の頃、真田幸村の第二夫人が上田城へ向かう途中、橋から滑り落ち水死し、この地に埋葬されたとある。後世に忘れられないように、佐藤五兵衛なる人物が松を植えたそうだ。他にも無名の人々が織りなした、埋もれた様々なドラマがあったことだろう。どんなドラマだったのだろう。触れてみたかったと思う。

【メモ】

●大笹関所

明治の廃関まで、約２００年に亘って通行人を取り締まった。大笹宿の西端鹿之籠川（ししのろうがわ）の崖に臨んだ位置にあった。

●真田伊賀守

真田信利。領民から重税を取り立て、幕命によって風水害で破損した両国橋を修築する際にも、領民に強制労役を課した。苛政を直訴した義人杉木茂左衛門を磔にした。上毛かるたに「天下の義人茂左衛門」とある。

●善光寺

伝承によれば、飛鳥時代、百済の聖明王から献上された阿弥陀如来が悪疫流行で、反仏教派の物部氏によって難波の堀江に捨てられた。信濃の本田善光がそこを通ると、如来が負ぶさった。本田善光は家まで背負い、如来堂を建てた。善光寺は本田善光に由来。

●入鉄炮に出女

幕府は諸大名のクーデターを警戒し、武器の江戸流入を取り締まった。同時に、人質の大名の妻女が江戸から逃亡するのを監視した。

『大笹関所跡』

【アクセス】

ＪＲ吾妻線「大前」下車。南西に徒歩３０分

【住所】

嬬恋村大笹

22 「きびしこの国」で輝いた郷土歌人

生方たつゑ【沼田市】

日本を代表する歌人であり、沼田市名誉市民第一号である生方たつゑは、三重・伊勢の出身である。沼田の古くからの薬種商の生方家に嫁いだのは、22歳のとき。夫は、旧沼田町長や県議、初代・国家公安委員を務めた生方誠《せい》である。

環境の激変、旧家で夫の両親、弟妹一緒の大家族――嫁としての仕事、重圧がのしかかる。息苦しさに悩む日々の中、短歌を学んだ。「心の支えが欲しかった」からだという。初の歌集「山花集」を31歳で出版。厳しい沼田の自然、峻烈な人生を歌として紡いでいった。女性のための歌誌「女人短歌」の創刊に参加、また週刊文春、毎日新聞などの短歌欄の選者としても活躍した。

ここでたつゑの生涯をたどれる

生方家に嫁ぎ、短歌と出会った

冬やまの　痩せたる襞《ひだ》に　おきわたす
　寝雪のひかり　きびしこの国

しろたへの　雪野の上に　ほのかなる
　光うごきて　夕しづまりぬ

54歳のとき、「白い風の中で」で読売文学賞受賞。短歌を近代詩の域に進めたと激賞された。76歳では、「野分のやうに」で短歌界最高の栄誉・迢空《ちょうくう》賞に輝いた。沼田市上之町にある生方記念文庫は、長女の美智子氏が開設し、たつゑの意思により、1993年沼田市に寄贈された。中には、たつゑの著書や生方家が伝えてきた和漢・洋書、交流があった「赤毛のアン」の翻訳者・村岡花子の書簡も並ぶ。

母の忌も　杳《くら》くなりしか　ふるさとの
　魚の干物を　焼くゆふまぐれ

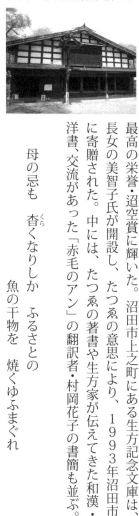

伊勢の実家から海のものがたくさん届いたと、美智子氏は述懐していたそうである。海のない内陸の地に嫁いだが、やはり故郷の海は忘れ難かったに違いない。「海のもの」を食卓に並べ、故郷を懐かしんでいたのだろうか。私も海の町の出身。山懐に抱かれ、自然豊かな群馬の地で生活出来ることは幸せである。しかし碧く陽光に輝く静かな海、鉛色の荒れた海を、たまに夢見ることがある。

【メモ】

●生方たつゑ

三重県宇治山田町（伊勢市）生まれ。日本女子大卒業後、恩師の紹介で生方誠と結婚。アララギ派の今井邦子に師事し、たびたび上京して指導を受けていたという。生涯で詠んだ歌は８０００首以上。沼田女子高などの校歌も作詞した。

●生方家

沼田藩の薬種御用達を務めた商家であった。沼田公園に移築された旧住宅は、東日本で最も古い町屋造りであることから、重要文化財に指定されている。

●生方誠

アメリカ留学中、演劇や人形劇に熱中、芸術に理解があった。本人も絵画を多く残している。

●迢空賞

歌人で民俗学者の釈迢空に因んで設けられた。１９６７年制定。俳句の同様の賞に、蛇笏賞がある。

『生方記念文庫』

【アクセス】

ＪＲ上越線「沼田」下車。東へ徒歩３０分

【住所】

沼田市上之町１９９－１

『旧生方家住宅（沼田公園内）』

【アクセス】

ＪＲ上越線「沼田」下車。北へ徒歩２０分

【住所】

沼田市西倉内町５９４

23 沼田の殿様ゆかりの屋敷

旧土岐邸洋館【沼田市】

明治まで、127年にわたって沼田藩主だった土岐氏は、清和天皇を祖とする源氏一族で、摂津源氏・源頼光の流れを汲む名門であった。美濃国（岐阜）に土着し、厚見地方（岐阜市）に勢力を広げた。土岐郡に本拠を置き、土岐氏を名乗った。南北朝・室町時代は、美濃国の守護職として勢力を誇った。

1552年、斎藤道三との戦いに敗れたが、土岐定明の息子定政が三河（愛知）に逃れ、土岐氏は断絶を免れた。定政は、母方の養子となり、菅沼藤蔵《とうぞう》を名乗った。徳川家康に仕え、数々の武勲を上げた。家康が江戸に入ると、藤蔵は下総国相馬郡守谷（茨城・守谷市）

ドイツ風に造られた旧土岐邸

アザレアピンクが眩しいツツジ

を与えられた。藤蔵は土岐姓に戻り、土岐定政として土岐氏の礎を築いた。

定政の4代後、土岐頼稔《よりとし》は、大坂城代、京都所司代を歴任。そして1742年、老中となり沼田に転封、沼田藩主となった。明治維新後、廃藩置県で最後の藩主頼知《よりおき》は免官され、東京へ移った。頼知の7男章《あきら》は、1924年に渋谷に洋館を建設した。沼田公園から上之町に移転した洋館は土岐家の好意により、1990年、縁ある沼田市に寄贈されたものである。

沼田公園にあった頃に尋ねた。暖かい春の陽光の下、アザレアピンクが眩しかった。公園は、ちょうどツツジが満開。散策の家族連れが目についた。洋館は、2階建ての瀟洒な建物である。テラスもあって、贅沢な造りである。ここは、大正末から昭和初期に見られるドイツ風の住宅だそうだ。この時代の洋風住宅は、現存数が少なく、大変貴重だという。

老中・松平定信の孫で養子の11代藩主土岐頼之《よりゆき》は、幕府軍として長州征伐に参加した。しかし次の大名息子の頼知は、戊辰戦争では新政府軍につき、三国峠で会津軍と戦っている。土岐氏は譜代大名なので、頼知は「裏切り者」となる。しかしそう単純に割り切れないのが、激動の幕末。歴史という激流に弄ばれる人間の悲しさを思う。頼知は、子爵となり1911年、64歳で没した。

【メモ】

●摂津源氏

清和天皇の子孫源頼光は、摂津国河辺郡多田（兵庫・川西）を相続し、初代となった。源頼朝、義経を出したのは、河内源氏の系統。

●守護職

鎌倉・室町幕府が設けた職制。国単位で置かれた軍事・行政の責任者。室町時代になると、警察・裁判権も獲得したため、地方武士を傘下に収め勢力を拡大する守護も現れた。そうした守護を守護大名という。

●土岐頼稔

大坂で生まれた。駿河田中藩（静岡・藤枝）２代藩主だった。享保の大飢饉での窮民対策で、徳川吉宗に賞賛された。

●子爵

君主制国家において、貴族の血統による世襲称号、または国家功労者に授与される名誉称号。日本では明治以降、貴族や元大名に与えることにより、統治機構に組み込んでいった。上から公、侯、伯、子、男爵があった。戦後廃止。

『旧土岐邸洋館』

【アクセス】

ＪＲ上越線「沼田」下車。東へ徒歩３０分

【住所】

沼田市上之町

24 情熱の歌人の奥利根紀行

与謝野晶子【みなかみ町】

春の日差しに赤谷湖の碧色が輝いて見えた。赤谷湖は相俣ダム建設に伴い、赤谷川が堰き止められて出来たダム湖である。湖底には、赤谷川の渓谷にあった「湯島の湯」「笹の湯」の二つの温泉が沈んでいる。湖近くの猿ヶ京温泉は、新たな源泉を掘削して誕生した後継の温泉である。

1939年11月、与謝野晶子は友人達と笹の湯を訪れている。「上越線後閑駅から三国街道へ入ります途中の笹の湯の紅葉の美くしいことを三宅克己氏に伺って居りまして……」（冬柏）と書いていることから、知り合いに紹介されて訪れたようだ。「紅葉は七八

陽光に、碧に輝く赤谷湖

与謝野鉄幹、晶子の歌碑

分の見頃でしたから飽くなき心は今少し越後路に近づいて行きたくなり、法師温泉へ翌日は参り、三国の山を仰いで参りました」（同）

11月でも見頃には早かったのだろうか、法師温泉や山の方へ出かけたらしい。当時は新幹線などなく、「長旅」である。せっかくここまで来たのだから、心置きなく楽しみたいと思ったのだろう。私も普段は、都会の雑踏の中で身をすり減らしながらの生活。その心情はよく理解出来るのである。

波のごと　紅葉の山の　盛られたる　赤谷の川の　流域の秋

寂しくも　越路に近き　笹の湯の　笹鳴るほどの　夜の時雨聞く

・

夫・鉄幹（寛）を亡くした4年後の旅であった。鉄幹とも、1931年秋に奥利根を訪れている。歌を共にする友人達との楽しいひと時であるが、やはり夫の居ない一抹の寂しさを抱えていたに違いない。猿ヶ京温泉には「与謝野晶子紀行文学館」があり、晶子の心の一端に触れることが出来る。奥利根には何度も訪れ、多くの歌を詠んだ。記念館には、夫婦の歌碑がある。

霧ふかし　路は空にも　入りたるや　一音の雷　子の国に鳴る　寛

こすもすと　菊ダリヤなど　少し咲き　里人は云ふ　猿ヶ京城　晶子

【メモ】

●相俣ダム

１９５９年竣工。首都圏の水がめ・利根川上流ダム群の一つ。赤谷川の治水と水力発電を目的としている。

●与謝野晶子

大阪生まれ。代表作に「みだれ髪」。積極的な人間賛美が作品の特徴。源氏物語研究にも独自の見解を示す。鉄幹との間に、１２人の子をもうけた。

●三宅克己

水彩画家。与謝野鉄幹の主宰する「明星」に挿絵や評論を載せた。鉄幹、高村光太郎らの赤城山登遊に同行。しばしば群馬に来ていた。

●夫婦の歌碑

与謝野晶子没後５０年を記念して、１９９３年、六女の森藤子氏の揮毫により建立。

『与謝野晶子紀行文学館』（関係箇所）

【アクセス】

ＪＲ上越新幹線「上毛高原」から関越交通バス。「猿ヶ京温泉」下車すぐ

【住所】

みなかみ町猿ヶ京１１７５

25 四万の湯を静かに見守る薬師様

日向見薬師堂【中之条町】

四万温泉がいつ頃開けたのかは不明だが、その開湯伝説が面白い。――坂上田村麻呂が狩りをしていると老翁が現れ、この地に名湯があり、もろもろの病を治すだろうと告げた。田村麻呂が山中を探すと、霊湯が湧き出ること四万カ所の地を見つけ、四万と名付けた。――酒呑童子退治伝説で有名な、源頼光の家臣碓氷貞光が読経をしていると、童子が現れ、汝の読経に感じ入り四万の病を治す霊泉を授けると告げられ、温泉を見つけた。

冬でも大地から熱湯が湧き出る温泉とその病への効果に、古代人は畏怖の念を抱き、温泉自体を神と見なした。そうした原始信仰と仏教が結びつき、本地垂迹説に基づいて各地

ここから薬師堂へ続く

この中に薬師様が鎮座

の温泉では、薬師如来を祀っている。日向見《ひなたみ》薬師も、そうした類のものであろう。日向見薬師がいつからあるのか定かではないが、温泉同様長い歴史を刻んでいることは間違いない。

多くの湯治客で賑わっていた四万温泉であるが、戦国の世になると荒廃した。復興したのは、真田氏であった。真田昌幸は、道路や橋梁を修復、湯守を任命し、温泉の維持、発展に尽力。子の信幸が沼田藩主になると、戦乱で荒れ果てた利根・吾妻の地を復興させ、神社仏閣に戦勝奉謝のため土地を寄進し、敬神崇祖の誠を示した。

信幸は現在では、弟信繁(幸村)の圧倒的な知名度には及ばないが、名君であった。百年にわたる戦国の処理に尽くし、城下町としての沼田の整備にも大きな功績があった。現在の日向見薬師堂は、信幸の武運長久を願って建立されたものである。

明治維新前後は、騒然とした社会状況のため、温泉も衰微。神仏分離令も発布。それが曲解され廃仏毀釈運動となり、各地の仏教寺院は、堂宇、仏像の破壊という被害を被り、荒廃した。その渦に薬師堂も巻き込まれた。しかし室町末期の建築様式を伝えるとして、１９１２年国宝に。戦後は重要文化財となり、温泉を見守っている。

粥腹《かゆばら》も　四万の薬師の　おかげにて　強飯《こわめし》さへも　五杯六杯

品川弥二郎

【メモ】

●碓氷貞光

源頼光の四天王（渡辺綱、坂田金時、卜部季武、碓氷貞光）。丹波大江山の盗賊酒呑童子（鬼の頭目で婦女、財宝を奪っていた）を討ったという伝説がある。上野国の武士。

●湯守

温泉の管理者。最初に湯宿を開いたとされる田村甚五郎の孫田村彦左衛門を充てたと伝わる。

●現在の日向見薬師堂

現存する棟札によると、１５９８年伊勢国山田の藤原朝臣家定が本願主となり建立。

●品川弥二郎

明治の政治家。松下村塾に学ぶ。高杉晋作らと尊皇攘夷運動に参加。維新後は、明治政府に仕えた。１８７０～７６年渡欧。帰国後、政府の要職に就いた。四万温泉に来たのは、松方正義内閣の内務大臣を務めたときと推定される。

『日向見薬師堂』

【アクセス】

ＪＲ吾妻線「中之条」から関越交通バス。「四万温泉」下車。北へ徒歩２０分

【住所】

中之条町四万４３７１

26 「教育県群馬」の語り部

旧吾妻第三小学校【中之条町】

明治政府が学制を公布したのは、1872年。同年、前橋に県内最初の小学校、厩橋《うまやばし》学校（桃井小）創立。中之条でも翌年、寺の本堂を借りて小学校が開設された。しかし校舎を望む声が高まり、県令（知事）楫取素彦や郡長真野節などが中心となって、町ぐるみで計画が推進された。1885年、開校。吾妻郡の3番目の学区なので、吾妻第三小学校となった。

瀟洒な白壁の建物は、県内に現存する唯一の明治時代の西洋風校舎である。県の重要文化財にも指定されている。設計者は不詳だが、樋田《といだ》栄太郎が施工者との記録が残る。当時

懐かしい二宮金次郎像

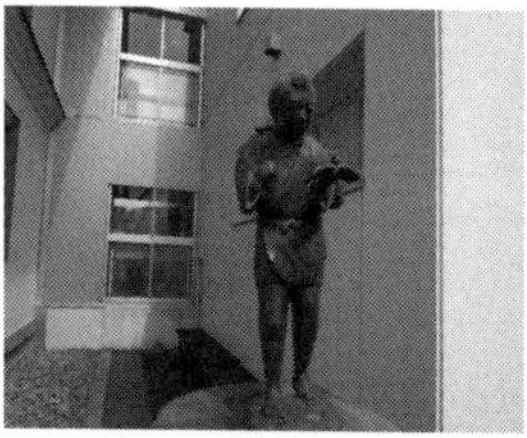

人々に親しまれた校舎

18歳であったという。木造2階建て、左右対称のコの字形の構成である。町民が多額の寄付を寄せ、地元の大工が自分達の伝統的な工法によって建設したという。その後、女子尋常高等小学校、町役場庁舎などに利用された。

学制が公布された頃、農村部では貴重な労働力の就学に反対する運動があり、一揆まで起きたという。しかし群馬県では、県令楫取素彦が教育に熱心に取り組んだことが奏功し、就学率全国第一位となった。群馬県は教育県として、高い評価を受けることになる。

太平洋戦争を終わらせ、日本を破滅・滅亡から救った鈴木貫太郎元首相は、群馬県で教育を受けるために転校してきた。教育熱心な父親が、群馬県の教育レベルの高さを聞きつけ、子供のためにと群馬県庁に職を得て、千葉県からわざわざ引っ越してきたのである。勇気ある決断をなした偉人は、桃井小に学んだ。その人格形成は、群馬でなされたのである。

校舎は現在、博物館となっている。教室が再現されていた。オルガン、地球儀、小さな机……遥か昔の小学校時代を思い出す。私の小学校時代は、高度経済成長が始まり、日本が豊かになり始めた頃。東京オリンピックを白黒テレビで見ていた。大気汚染や水俣病などの公害病といったひずみも顕在化した。未来はそうした経験を繰り返すことなく、築いていかねばならない。

【メモ】

●学制

１８７１年、文部省設置。江戸時代からの諸学校を基礎に、海外の学校制度を参考にして公布された。小学、中学、大学の３段階を基本とした。

●寺の本堂

林昌寺本堂を教場として、伊勢小学校創設。

●吾妻第三小学校

校長の月給が１０円だった時代に、５２００円の寄付が寄せられ、工費をまかなった。中之条尋常小学校に改称。１９１８年から町庁舎。８２年、歴史民俗資料館に。

●鈴木貫太郎

大阪生まれ。日露戦争では、日本海海戦を勝利に導いた。海軍大将、連合艦隊司令長官を歴任。侍従長として昭和天皇の信頼が厚かったこともあり、戦局悪化の中、天皇に懇願され、７７歳で首相に。ポツダム宣言受諾へ奔走。日本の無条件降伏を見届け、鈴木内閣は総辞職した。

『歴史と民俗の博物館（ミュゼ）』

【アクセス】

ＪＲ吾妻線「中之条」下車。西へ徒歩２０分

【住所】

中之条町中之条町９４７－１

27 地底から地上を目指す「冒険の道」

土合駅【みなかみ町】

上越線の土合駅は、地上と地下にホームのある珍しい駅である。上越線は当初単線だったが、戦後の高度経済成長期、輸送量が増大。複線化が図られた。1967年、下り用の新清水トンネル完成。その際、ホームはトンネル内に設置された。地上の駅まで、462段の階段。歩くと何と、15分はかかる。利用する時は、時間に十分余裕を持つことが必要だ。

新清水トンネルは長さ約13キロで、先に造られた清水トンネルの1・4倍。しかし工期は、半分以下の4年余りだった。それでも岩はね現象（岩盤が跳ね飛び剥離する現象）や湧水などに悩まされる難工事で、作業速度は大幅に低下。総工費59億円、延べ160万人が作業に従事した大事業だった。

土合駅は、かつて谷川岳の登山客で賑わっていた。ホームが溢れんばかりの人で埋め尽くされた時代もあった。今は列車の本数も僅か。しかし新緑、紅葉、雪景色と、四季を通じて美しい風景を楽しめる。標高が高く、雲が駅舎のすぐ上に見える。俗世間から離れ、こうした環境に身を置くのも新鮮である。

雲のかかる天上駅「土合」

地下ホームから続く階段

下りホームから暗闇の中を、照明を頼りに黙々と歩いた。空気がひんやりしている。ちょっとした「冒険」である。もう若くない身には、苦行でもあるが……。地下70メートルから、地上世界を目指すのである。階段の脇にスペースがあるが、そこにエスカレーターを設置するはずだったそうだ。

1982年、上越新幹線開通。上越線はローカル線になった。高崎から出る上越線は、ほとんどが「水上」止まり。かつて日本の経済を支えた大動脈だったが、今は枯れた老人の様。近年の日本の鉄道事情から、将来も残るだろうかと心配になる。ノスタルジーで世の中は動かない。厳しい現実が突きつけられる。高齢化、過疎化の進む地方に共通する日本の現実である。地域興しにどこも苦心している。高齢化の進展とは、つまり円熟期。それに相応しい地域像を描くことも大切である。

【メモ】
●上越線
高崎と宮内（新潟県）を結ぶ。全長１６２.６キロ。１９３１年に全通。三国山脈を貫き、関東と新潟県を結ぶ。上野〜新潟は、信越線で長野を経由して、急行で約１１時間だったが、上越線の開通により、約7時間となった。
●土合駅
１９３１年、信号場として開設。３６年、営業開始。下りホームの運用は、６７年から。８５年、無人化。モグラ駅として有名。
●新清水トンネル
群馬と新潟の県境にある。清水トンネルと平面的に、ほぼ平行に造られた。
●清水トンネル
１９３１年、完成。全長約９.７キロ。建設に９年４カ月を要した。急勾配を避けるため、群馬側と新潟側にループトンネルが設けられた。川端康成の「雪国」の冒頭にある「国境の長いトンネル」とは、清水トンネルのこととされる。

『土合駅』
【アクセス】
ＪＲ上越線「土合」
【住所】
みなかみ町湯檜曽２１８−２

28 古墳群が語る古代群馬の謎

森下古墳群【昭和村】

昭和村の片品川沿いの河岸段丘、森下や川額《かわはけ》、橡久保《とちくぼ》などには40基以上の古墳があり、森下古墳群と呼ばれている。調査された古墳から、古墳時代終末期7～8世紀に築造されたとみられる。有力者一族のものだろうか。

御門《みかど》にある御門塚は、豊城入彦命《とよきいりひこのみこと》の陵との伝承があるそうだ。豊城入彦命とは、古事記、日本書紀によると、崇神《すじん》天皇の皇子で、上毛野《かみつけぬ》氏、下毛野《しもつけぬ》氏の始祖とされる。「御門の地名については帝《みかど》説もあるが、文字のとおり、門《かど》の意であると思われる」と古墳の説明板にあった。村教育委員会に聞くと、郡役所の御門《ごもん》から来ているのでは、との返答。

天皇の皇子の墓の伝承

近くに王御堂《おうみどう》などの地名があり、付近から布目瓦も出土しており、この辺りにはヤマト政権の郡役所が置かれていたと考えられるそうだ。律令制度では、政権の毛野国（群馬、栃木）の支配のため国府の下、郡役所が置かれた。——その「ごもん」が「みかど」となり、「帝」と結びつき皇子伝説が語られるようになったのでは——と私は想像する。古墳は片品川の決壊で破壊、今は小さな塚でしかない。

北毛の支配者が眠る？

鍛屋地《かじやち》古墳は、小学校傍の住宅に囲まれた円墳である。横穴式の石室が復元、整備され公園になっている。墳丘は復元しなかったので、実際はもっと大きい古墳だったのだろう。須恵器、土師器の他、鏡、武器、馬具、金属製品など、３００点以上出土した。主はかなりの有力者か？

群馬は１万基以上の古墳が存在した古墳王国。大規模なものが多

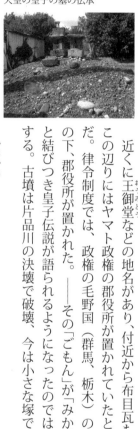

数あるが、小規模でも、古代群馬の歴史を解明する手がかりになる貴重な古墳も多いに違いない。しかし開発により消滅した古墳は沢山ある。古代史解明の手掛かりを失う様で残念でならない。開発と遺産の保護を対立させてはならないと思うのだが……

【メモ】
●河岸段丘
河川に沿う階段状の地形。浸食により、河床がだんだん下がっていったことを示している。
●豊城入彦命
夢占いで、東に槍を突き、剣を振った夢を見たことから、父の崇神天皇により、東方支配を命じられたとされる。弟は縄を四方に張り巡らせた夢を見たことが、四方へ配慮出来るとして、第１１代垂仁（すいにん）天皇となった。
●崇神天皇
第１０代天皇。実在の可能性のある最初の天皇。初代神武天皇の存在は、証明されていない。２～９代天皇は、「欠史８代」と言われ、事績は伝わらない。
●上毛野氏、下毛野氏
毛野国を拠点とした豊城入彦命の子孫毛野（けの、けぬ）氏は、皇別氏族とされ、東国に大勢力を誇ったとされる。毛野国が、上毛野（群馬地域）、下毛野（栃木地域）に分割され、氏族も分かれた。

『森下古墳群』
【アクセス】
ＪＲ上越線「岩本」下車。北へ徒歩３０分
【住所】
昭和村森下、川額ほか

29 城跡が語る戦国・北毛の興亡史

森下城跡【昭和村】

1582年3月、武田氏が織田信長に滅ぼされ、配下の真田昌幸は降伏して、信長の家臣滝川一益に沼田城を明け渡した。しかし同年6月、信長が本能寺で討たれると、すぐに取り戻した。同年10月、北条氏が北毛に進軍。沼田城の支城の一つ長井坂城を奪った。昌幸は、沼田城に叔父の矢沢頼綱を、支城の森下城、阿岨《あぞ》城にそれぞれ加藤丹波守《たんばのかみ》、金子泰清を配し守りを固めた。

北条氏の須田加賀守は、森下城を攻撃。大軍相手に丹波守は奮戦。丹波守は城外で、最後の戦いに臨んだが、抗しきれず、敗北。丹波守は、城から東へやや離れた所にある石に

戦国の興亡史を語る

ここで腹を十文字に

腰掛け、腹を十文字にかっ割き果てたという――加藤丹波守の戦いは、「加沢記」に詳しいそうだ。

「加沢記」とは、江戸時代初期、沼田真田藩の家臣・加沢平次左衛門による手記である。利根・吾妻を支配した真田氏、土着の豪族沼田氏などの動向を記し、歴史的にも貴重な史料となっている。真田幸隆、昌幸、信幸（信之）の3代の活躍と、北毛の土着豪族の興亡を描いたものが現存するという。

森下城は、沼田城を守る前衛の砦の一つであった。段丘を利用して造られた城だったが、大部分が片品川に浸食され、ほとんど形を残していない。辺りは畑になっていた。城跡と思われる所は、木々が生い茂っているだけだった。僅かに石垣の跡らしきものが残っていた。寂しさが心をよぎった。歴史の風化は避けられないものだが……

加藤丹波守が切腹のため腰かけたと伝わる石は、今でも残っている。個人住宅の前にあるので、看板が無ければ誰も気づかないだろう。丹波守の命をかけた戦闘により、沼田城の矢沢頼綱は迎撃態勢を整えることが出来、北条氏を撃退したという。――兵《つわもの》どもが夢の跡――戦国時代、北関東の要衝・沼田は、激しい争奪戦が、上杉、武田、北条らによって繰り広げられた。その歴史の1ページを垣間見た思いである。

【メモ】
●森下城
　鎌田城とも呼ばれる。長尾景虎（上杉謙信）が関東管領になると、上杉の関東における戦略拠点として、重要な役割を担った。
●加藤丹波守
　１５８０年、武田氏の意を受け、真田昌幸が上野東部を進攻。森下城主加藤丹波守は降伏し、真田の配下になった。
●加沢記
　加沢平次左衛門は、戦場経験はないので、戦国を知る年配者に聞いて書いたと思われる。引用史料などが現存するので、信憑性が高いとされている。
●沼田真田藩
　１５３２年、沼田顕泰（あきやす）が沼田城を築城。戦国時代、武田方の真田昌幸が沼田を奪い、沼田城に入城。関ケ原の戦いで東軍についた昌幸の子・信幸は、沼田領2万7千石の城主となった。

『森下城跡』
【アクセス】
　ＪＲ上越線「岩本」下車。北へ徒歩４０分
【住所】
　昭和村橡久保

30

70年の迷走を重ねた巨大ダム

八ッ場ダム【長野原町】

八ッ場ダムを、近くに架かる橋から眺めた。冷たい白亜のダムの壁が、立ちはだかった。工事車両が、遥か下に小さく見える――ダムの巨大さを実感した。人々が生活していた痕跡は、何も見えない。一つの集落が、地上から消えた。生活の営みの歴史が、あっさり消滅してしまった。人々の不安、諦め、苦しみなど様々な思いが、水の底に沈んでしまった。

1947年9月、カスリーン台風が関東を襲った。利根川流域に、死者千人以上の大被害をもたらしたことから、治水計画が浮上。しかしそのため水没する地域の人々は、大きな不安に襲われた。生活はどうなる、仕事はどうなる、いったいどこへ住むのか……人々

人々の生活は消滅した

立ちはだかる巨大ダム

の反対運動が巻き起こった。町議会はダム反対を全会一致で決議。しかし反対運動は国や県により切り崩されてゆく。１９８５年、町は実質的に建設を受け入れた。

２００９年、政権が交代すると、政府は突然ダム建設中止を宣言。戸惑い、怒る住民。当然である。住民を置き去りにし、無理やり計画を進める国の方針に、やるせない自分達の気持ちをやっと整理し従い、建設に合意した。それなのに何を今更――結局、計画は継続。浅はかな政治家の傲慢さは、いつの時代も同じ。翻弄される国民こそ、いい迷惑である。

名勝・吾妻渓谷を真っ二つに割って、ダムはそびえる。果たして期待通りの働きをするのだろうか。戦中、食糧難の解消のため赤城山麓を開墾、エネルギー源確保として山林も伐採されていた。そこを台風は襲った。保水力を失った山々は、洪水を防げなかった。ダムがあってもなくても洪水のピーク流量は同じ、という調査もある。

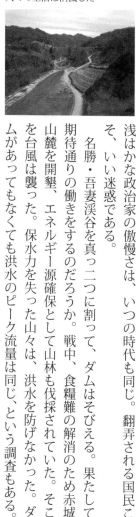

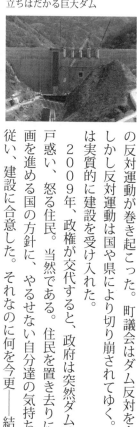

人々の怨念の籠ったダムである。代替地として造成された高台には、新しい家々が点在していた。眼下にダムを望み、人々は生きていく。心の傷は癒えてはいまい。流された涙の歴史が風化されないよう、人々の未来が希望に満ちるよう、祈るばかりである。

【メモ】

●八ツ場ダム

堤高116メートル、堤頂長２９０．８メートル。総貯水量１億７５０万立方メートル（東京ドーム約８７杯分）。１９５２年、吾妻渓谷にダム建設が計画された。総事業費５３２０億円は、国内ダム最高額。生活用水供給、発電、洪水調節が計画されている。

●カスリーン台風

１９４７年9月１４、１５日に襲来。死者１１００人、負傷者２４２０人に及んだ。群馬県では死者５９２人、負傷者３１５人、家屋の流出・倒壊１９３６棟、半壊１９４８棟となった。アメリカ占領下だったため、台風名は１号、２号……ではなく、アメリカ式にＡＢＣ順に、女性名が使われた。

●政権が交代

選挙による戦後初の政権交代。民主党は、８月の衆院選で３０８議席（定数４８０）を獲得。9月、民主、社民、国民新党による鳩山由紀夫内閣が成立。

●洪水のピーク流量

２００８年の政府答弁書。カスリーン再来時、八斗島（やったじま）地点（伊勢崎市にある利根川の治水基準点）の流量。ダムによる流量削減効果がないことを国が認めた。

『八ツ場ダム』

【アクセス】

ＪＲ吾妻線「川原湯温泉」下車。東へ徒歩２０分

【住所】

（左岸）長野原町川原畑八ツ場
（右岸）長野原町川原湯金花山

31 上州が誇る名湯の新たな出発

川原湯温泉【長野原町】

日本で働く外国人が増えている。群馬の温泉地も例外ではないらしい。川原湯温泉の老舗旅館でも、一生懸命に働いていた。若い女性の従業員は、ベトナム出身だという。来日して4年だそうだ。日本語が上手なのに驚いた。たった4年で、ここまで上達するものなのだろうか。難しい言語といわれる日本語である。必死で格闘したのだろう。

川原湯温泉は源頼朝が狩りの際に発見したという伝説が伝わる。800年以上の歴史を誇る名湯である。毎年、大寒の日の早朝に行われる「湯かけ祭り」で知られる。大きな掛け声と共に湯を勢いよくかけあう男達の姿が勇猛果敢で、迫力ある祭りである。また近く

新生川原湯温泉の入り口

温泉を守る川原湯神社

には名勝・吾妻渓谷があり、風光明媚な自然豊かな温泉地であった。

かつては吾妻川の右岸にあった。江戸時代には、草津温泉の上がり湯として知られていた。多くの文人墨客も訪れている。若山牧水、与謝野寛（鉄幹）らは、吸いこまれるような渓谷の情景、静かな佇まいの桃源郷とも言うべき温泉郷に感動して、句を残した。

うずまける白渦　見ゆれ落ち合へる
　落ち葉の山の　荒岩の陰に　牧水

川原湯の　社のすだれ　古りたれど
　入りて拝めば　肩ふれて鳴る　寛

八ツ場ダム建設に伴い、温泉は現在地に移転を余儀なくされた。舗装された道路、新築された宿に飲食店……かつてのひなびた独特の風情は何処に――いや、そんな不満を言っては、新たな出発をした温泉の人々に申し訳ない。渓谷は多くの部分が残るとされるが、予期せぬことが起こるのが自然界である。自然への畏敬の念を忘れているのではないか。何万年もかけて形成された自然の造形美は、一度失ったら二度と戻らない

【メモ】

●川原湯温泉

発祥について2説ある。①頼朝が今の川原湯温泉付近を通ると、山の中腹から湯煙が上がっているのに気付いた②川原朝臣権頭光林（かわらのあそんごんのかみこうりん）という僧侶が近くに泊まった際、薬師如来のお告げにより見つけた。「川原湯」は、僧侶の名から。

●湯かけ祭り

温泉発見から４００年が経った頃、湯が出なくなり困ったところ、温泉から鶏の卵をゆでた匂いがしたので、鶏を生贄にして祈ると湯が出た。そこでお祝いをすることに。始めは「お湯湧いた」と言っていたがその内、「お祝いだ」と叫び、湯をかけあうようになった。

●吾妻渓谷

上毛かるたに「耶馬溪しのぐ吾妻峡」とある。耶馬溪は大分県の景勝地。地理学者の志賀重昂（しが・しげたか）が、耶馬渓に勝ると評した。

●吾妻川

長野、群馬県境鳥居峠付近に源を発し、須川、沼尾川などを合わせ、渋川市で利根川に合流。白根山の硫黄のため、酸性が強く灌漑用水に利用出来なかったが、中和工場を造り水質を変えた。

『川原湯温泉』

【アクセス】

ＪＲ吾妻線「川原湯温泉」下車。東へ徒歩１５分

【住所】

長野原町川原湯

32 世界に挑んだ「群馬の鉄人」

金子宗平【沼田市】

日本の陸上・投擲競技は、長らく世界レベルから遠く、オリンピックでも目立った成績は残せなかった。しかしハンマー投げの室伏広治がアテネオリンピックで金メダルを獲得し、世界を凌駕した。その礎は全日本10連覇、アジア大会5連覇と孤高の戦いを続け、世界と渡り合った父「アジアの鉄人」室伏重信であることは、誰もが知るところである。

沼田市出身の金子宗平《そうへい》もまた、円盤投げで孤高の戦いを続け、世界に追いつく日を夢見ていた先駆者であった。ずば抜けて体の大きい少年だった。薄根中では、砲丸投げをしていた。高崎工業に入ると、指の長さに着目した陸上部の顧問に、円盤投げを勧められた。

この坂道で体を鍛えた

高崎工業で才能が開花

関東大会で高校新記録、インターハイ優勝と、快進撃が始まった。

「おらが村からオリンピック選手を」――その活躍に沼田の人々は、後援会を結成。学費など物心両面から応援した。金子もそれに応えようと、指から血が出るまで連日猛練習。日大に進み、日本選手権で初優勝。以後5連覇を達成。1959年に、48メートル29の日本新記録樹立。以来、大会ごとに日本新を出した。卒業後、リッカーミシン入社。62年、アジア大会で銅メダル。東京五輪の前年、東京国際スポーツ大会で2位となり、一躍注目の的に。

東京五輪では重圧に押し潰されたか、予選で敗退した。しかしその活躍は、郷里の人々に大きな勇気を与えた。「根性でいつも勝負していた。これがこんどの栄冠（五輪出場）を勝ち取った」と、少年時代から知る後援会の役員は語っている。

30代からゴルフで活躍した。県シニアゴルフ選手権などで優勝。70歳近くで初出場した関東ミッド選手権で優勝するなど、群馬屈指のシニアゴルファーであった。「円盤投げも円運動。スイングするゴルフとは共通点があった」と語っていたそうだ。十種競技の日本記録保持者だった息子の金子宗弘も、インターハイ円盤投げで優勝した。

【メモ】

●室伏広治

静岡県出身。２０１１年の世界陸上で優勝。五輪と世界陸上で優勝した初の日本人。

●金子宗平

沼田市硯田町出身。日本選手権５連覇は、０４年、畑山茂雄が更新するまで４０年近く破られなかった。０６年７月、すい臓がんのため、６８歳で死去。

●東京国際スポーツ大会

プレオリンピックとして開催された。プレオリンピックとは、五輪開催前年に開かれるテスト大会。

●金子宗弘

中之条高校在学中の１９８６年、山口インターハイで優勝。順天堂大進学後、十種競技に取り組んだ。９１、９３年世界陸上に出場。９３年、日本記録樹立。

『沼田市立薄根中学校』（関係箇所）

【アクセス】

ＪＲ上越線「沼田」下車。北へ徒歩３０分

【住所】

沼田市善桂寺町４０

『県立高崎工業高校』（関係箇所）

【アクセス】

ＪＲ高崎線「高崎」下車。北へ徒歩 30 分

【住所】

高崎市江木町７００

33 上州ゆかりの悲劇の偉人

橋本香坡【沼田市】

兵庫県伊丹市の伊丹小学校の傍に、橋本香坡《こうは》という幕末の志士の歌碑がある。尊王攘夷を唱えた勤王の志士であった。また伊丹の郷校の教頭として人材育成に励み、その門下は明治の伊丹を支えた。今、この志士の名を知る県民はほとんどいないに違いない。しかし群馬ゆかりの偉人である。

沼田藩士の家に生まれた。父・一徳が大坂蔵屋敷勤務となったため、15歳で、一緒に大坂へ上った。篠崎小竹《しょうちく》の「梅花社」に学び、「篠門の四天王」と呼ばれるまでになった。領主近衛家と町民が郷校「明倫堂」を開くと、教頭として招かれ、約20年に亘って務めた。

墓と碑のある縁の寺院

香坡の詩が刻まれた碑

明倫堂では薄給で、生活は貧しかったそうだが、酒好きで、酔うと、しばしば醜態をさらしていたという。しかし妻・益は賢妻で、近隣の子供に句読、珠算を教え、放蕩の夫を支え続けたという。しかし妻が突然死去。妻に頼り切っていた香坡は絶望し、自虐的な生活になった。明倫堂を辞し、九州を放浪した。大坂に戻り、塾を開いたが、貧しさは相変わらずで「貧窮は天の賜うところ、慎みて多銭を羨むなかれ」と書き残している。

天誅組事件で、関連を疑われ捕まる。釈放されたが、倒幕派の要注意人物と、つけ狙われるようになった。それでも長州藩士と親しい友人の藤井藍田に頼まれ、蛤御門の変の落ち武者の面倒を見た。ところが藍田が新選組に捕縛され、過酷な拷問で殺害されてしまった。その藍田宅から香坡の倒幕の大義を記した手紙が出たため捕らわれ、拷問を受けた。京都の牢で獄死。57歳であった。

沼田市の了源寺に墓と碑がある。碑は、1942年に生誕地付近（同市東倉内町）に建立された。死の数カ月前に詠んだ「不二岳」という詩が刻まれている。戦後、敗戦国にあるまじき内容とのことで、進駐軍に咎められることを恐れ、埋められてしまった。1972年、掘り起こされ縁の了源寺に納められた。

【メモ】
●橋本香坡
名は通（とおる）。明倫堂には、近衛忠熙に招かれた。晩年再婚し、2人の娘があった。伊丹市にも、生前に立てた家族と眠る墓がある。
●近衛家
藤原氏の流れをくむ五摂家（摂政、関白に任じられる家柄）の一つ。江戸時代、摂津国伊丹は、武家大名の支配ではなく、近衛家が治めた。
●天誅組事件、蛤御門の変
「天誅組事件」とは、大和において公家の中山忠光ら尊王攘夷派が組織した「天誅組」が決起した事件。失敗し中山らは長州藩へ逃れた。「蛤御門の変」は、御所付近で起こった長州藩と幕府の戦闘。特に蛤御門での戦いが激しかった。禁門の変ともいう。
●不二岳
１８６５年作。「大八州の中央にそびえる富士の姿は、日本の象徴である。美しさ、動かざるその姿は、皇国の精神を表す」という内容。右踏英夷左米夷（右に英夷を踏み敷き、左には米夷を踏む）で始まる。

『了源寺』（関係箇所）
【アクセス】
ＪＲ上越線「沼田」下車。東へ徒歩２０分
【住所】
沼田市坊新田町１０８９

中毛・あんな話こんな話

34 日本に相応しい道なのか？

前橋空襲追悼碑【前橋市】

太平洋戦争末期、米軍爆撃機は、容赦ない無差別爆撃を各地で繰り返した。火炎地獄が日本中に広がり、人々は炎の中を逃げまどい、おびただしい無辜の命が失われた。それでも愚かな軍部政府は、本土決戦を声高に叫ぶのみで、犠牲者は増えていくばかりであった。無能な指導者を抱えた、この国の現実であった。

１９４５年８月５日、Ｂ29爆撃機92機が前橋を襲撃。焼夷弾６９１トン、破砕弾17・6トンを投下。被災家屋１万２０１１戸、被災者６万３６４６人、負傷者約９００人、死者は５３５人（７１５人とも）に及んだ。並んだ数字は、単なる統計ではない。「地獄」に突き落とされた人々の苦しみ、悲しみ、絶望が重なっている。

比刀根（ひとね）橋付近は火の海

慰霊碑に供えられた千羽鶴

集団的自衛権行使を容認する安全保障関連法が、２０１５年に成立した。国のあり方の大転換なのに、与党が数にものを言わせ、憲法の解釈を無理やり変え、その精神から大きく逸脱する道を開いてしまった。議会政治の在り方を無視した与党の横暴が、許されるはずがない。しかし私達自身が、その政治を選んでしまった。

机上の空論が、もっともらしく展開された。政治家というエリートは、ロジックの組み立てが上手い。我々はそれに騙されてしまう。後方支援時、戦闘が起こった場合撤退するというが、生死の淵で戦う他国の兵士がそれを見てどう思うか。戦争とは、秩序などない殺し合いなのだ。武力行使の新３要件は、基準が曖昧なまま。国会の事前承認など、巨大与党の現在では単なる儀式に過ぎない。戦争に巻き込まれることは、絶対にないと首相は言う。しかし原発も、事故はあり得ないと説明されていた。

ある宗教家は言った。「戦争という巨悪への怒りなくしてヒューマニズムはない」――「平和ボケ」という日本人を揶揄する言葉があったが、戦争への怒りの喪失こそ平和ボケではないのか。世界中で紛争が絶えず、膨大な難民が行き場を失っている。その受け入れや紛争国同士の仲介に、もっと積極的であっていい。その方がよっぽど「積極的平和主義」に相応しい。

【メモ】

●無差別爆撃

アメリカを中心とした連合国軍の本土攻撃は、１９４４年末から終戦まで続いた。２００以上の都市が被災し、死者100万人以上とも。被災者は９７０万人とされる。県内では、前橋、太田、桐生、渋川、伊勢崎、高崎などが攻撃された。

●本土決戦

戦局が絶望的になると、軍部が「本土決戦」を主張し、「一億玉砕」「一億（総）特攻」「神州不滅」などをスローガンにした。日本のポツダム宣言受諾により連合国側の本土進攻は回避された。

●集団的自衛権

同盟国などが攻撃されたとき、自国への攻撃と見なし、反撃出来る権利。

●武力行使の新３要件

「密接な関係にある国」が攻撃され、日本の「存立が根底から覆される事態」で、「他の手段がない」場合に武力行使が可能。一つ一つをどう判断するかは、決まっていない。時の政権が恣意的に決めることが可能。

『前橋空襲追悼碑』

【アクセス】

ＪＲ両毛線「前橋」下車。北へ徒歩３０分

【住所】

前橋市住吉町２－１－１

35 榛名で描いた遥かなる夢

竹久夢二【渋川市】

竹久夢二が伊香保を知ったのは、1911年、伊香保に住む少女（当時12歳の松沢ミドリさん）からのファンレターによるそうだ。すでに画家として人気があり、その絵に心ときめかせた少女達が全国にいた。ファンレターは山のように来るのに、伊香保の少女の手紙によほど心動かされたのだろうか。丁寧に返事を書いている。

その作品は、大作はもちろん千代紙、浴衣、書籍の装丁、レコードのジャケット、さらに詩や俳句と多岐に亘る。「芸術は壁に飾るだけのものではなく、人の生活に取り入れて初めて生きるもの」。当時の芸術家が蔑んだ商業美術の世界で、図案、デザインの才能を伊香保の顔「石段街」

白壁が美しい記念館

いかんなく発揮した。

明治製菓の依頼で、ミルクキャラメルの箱のデザインも手掛けている。キャラメルは、伊香保の夢二記念館で復刻販売している。赤、緑、黄の三色のデザインで、それぞれ恋、旅、酒を表しているそうだ。子供向けの嗜好品に、大人に注目させようとしたのだろうか。

１９１４年、夢二は12歳下の笠井彦乃と出逢う。彦乃の父に交際を反対され、互いを「山（彦乃）」「河（夢二）」と呼び合い、手紙を交わしたという。しかし彦乃は結核に倒れ入院。25歳で早逝した。最愛の彦乃の死後11年目に描いたのが、「榛名山賦」である。赤い和装で金色の扇子を持ち、舞を舞っている。その物憂げな表情が、薄幸の生涯を思わせる。伊香保にあるのが相応しいと、ここに置かれた。

デザイン事業を計画していたが、関東大震災により頓挫。しかしその後、「榛名山美術研究所」を構想。１９３０年、榛名湖畔にアトリエが完成した。ドイツの近代建築・芸術のバウハウス運動や山本鼎らの民芸運動に触発されたという。「手による産業」としての工芸運動だそうで、島崎藤村、有島生馬ら賛同者も得た。しかし不況で資金は集まらなかった。翌年外遊。米、欧州、台湾と回ったが、結核を悪化させ病臥。長野の療養所で49年の生涯を閉じた。

【メモ】
●竹久夢二
　岡山県本庄村（瀬戸内市）の酒造業の家に生まれる。本名・茂次郎。早稲田実業中退後、読売新聞に入社し、時事スケッチ担当。作詞した「宵待草」は、一世を風靡した。現在の「グラフィックデザイナー」の先駆け。
●笠井彦乃
　日本橋の紙問屋の娘。女子美術学校の学生だった。夢二に絵を習いに行き、交際が始まった。京都で夢二と一時同棲。
●榛名山美術研究所
　絵画、木工、陶工、染色などを「手による産業」とする壮大な計画を掲げ、設立を計画した。
●バウハウス運動、民芸運動
　バウハウス運動は１９１９年、ドイツに設立された写真、デザインを学ぶ学校（バウハウス）の流れを汲む、合理主義的な芸術運動。芸術を実際的に機能させることを目的とした。
　民芸運動は日用品の中に、美を見出し活用する運動。「民芸」とは、民衆的工芸。

『竹久夢二伊香保記念館』（関係箇所）
【アクセス】
　ＪＲ上越線「渋川」から関越交通バス。「見晴下」下車すぐ
【住所】
　渋川市伊香保町５４４－１１９

36 万葉集で知る上古の伊香保びと

伊香保、水沢観世音【渋川市】

伊香保は古くから知られており、万葉集の東国を詠んだ東歌の中に、伊香保の歌は8首も出てくる。

伊香保ろの　八坂《やさか》の堰塞《いで》　立つ虹《ぬじ》の
顕《あらわ》ろまでも　さ寝をさ寝てば

【現代語訳】伊香保（厳秀〈いかほ＝榛名山〉）の山裾にある八坂の堰堤からほとばしる水しぶきに、朝日が当たって虹がはっきりと見えるようになるまで（虹のように2人の仲が知れてしまっても構わない）、お前と一緒に寝ていられたらどんなに楽しいだろう。さあ寝よう、寝ましょう。

伊香保を詠んだ万葉集歌碑

水沢うどんで有名な水沢寺

上古の人々は、恋愛を自由に楽しんでいたようである。万葉集にも恋愛の歌は沢山ある。天真爛漫に生きる当時の人々の様子が微笑ましい。当時、すでに船尾滝から流れる滝沢川に堰堤があったらしい。灌漑用水の恩恵で、農作物も豊かに実ったのだろうか。生活にゆとりが無ければ、中々こういう歌は歌われないだろう。

この歌碑がある水沢観世音（水沢寺）は、水沢うどんで有名。寺院への参拝者に振る舞ったのが起源といわれ、４００年以上の歴史がある。地元産の小麦と水沢山から湧出する名水で作られ、日本三大うどんの一つに挙げられる。しかし知名度は、いま一歩……。「讃岐うどん」が有名になった。香川県は「うどん県」を自称し、売り込みに大成功。私が利用する東京の新橋駅地下にある讃岐うどんの店も、連日大盛況である――群馬県も、何らかの手を打つべきではないのか……

伊香保を詠んだ上州らしい歌をもう一首。

い香保嶺《ね》に　雷《かみ》な鳴《な》りそね　吾《わ》が上《へ》には
故《ゆえ》はなけども　児《こ》らによりてぞ

【現代語訳】伊香保の山から発生する雷様よ、怖い音をして鳴らないでおくれ。俺には何のことはないのだけれど、俺が好きなあの子が怖がるから……

【メモ】
●伊香保
万葉集が詠まれた頃は今より広い地域で、榛名山も含めて伊香保と呼ばれていた。温泉の発見は、１９００年前あるいは１３００年前とも。温泉街は戦国時代、長篠の戦で負傷した兵士の療養所として、武田勝頼が真田昌幸に整備させた。石段街もこのとき形成された。
●東歌
国名がはっきりしている９０首の内、上野国の歌が２５首と最多。「上野三碑」があるように、文字文化が発達していたからではないかとの説がある。
●水沢観世音
推古・持統天皇の勅願による、高麗の高僧恵灌僧正の開基。歴代天皇の勅願寺。上野国国司の菩提寺。
●日本三大うどん
香川・讃岐うどん、秋田・稲庭うどん、群馬・水沢うどん。ただし定説はない。

『水沢観世音』
【アクセス】
ＪＲ上越線「渋川」から群馬バス。「水沢観音」下車すぐ
【住所】
渋川市伊香保町水沢２１４

37 前橋を関東の大都市に——県庁移転

県庁・昭和庁舎【前橋市】

廃藩置県は、1871年。その後、紆余曲折を経て1876年、今の群馬県が誕生。当初、県庁は高崎にあった。しかし設置候補の高崎城跡は、陸軍の管轄だったため、仮庁舎は安国寺に置かれ、各部局は分散し不便であった。そこで県庁は、「一時的」に前橋へ移転した。

移転を強く推し進めたのは、下村善太郎ら前橋の有力者達（前橋25人衆）であった。25人衆は、前橋を関東の中心都市とするため、当時の県令（県知事）楫取素彦に協力。下村らは私財を投じ、師範学校や県衛生局、職員住宅などを建設した。移転費用は有力者の寄付で賄われた。2万6千円（現在に価値で約30億円）という巨額の寄付金に明治政府も驚

県民に親しまれる昭和庁舎

ぐんまちゃんがお出迎え

き、移転を了承したそうである。生糸で財をなした前橋商人の凄さである。１８８１年、県庁は前橋に正式決定。

怒りが収まらないのは高崎である。数千人規模の移転反対デモを行い、楫取県令に面会を求めたが叶わない。問題はこじれ、裁判闘争となったが、高崎は敗訴。高崎は県庁を手放した。大正、昭和に高崎は県庁再誘致運動を興したが、県庁は戻らなかった。県庁を巡る遺恨が、前橋、高崎の反目の遠因とされるが、どうなのだろうか……

１９２８年、新庁舎（昭和庁舎）完成。当時としては、非常に先進的な造りで、スチーム暖房、水洗トイレなどがすでに完備されていた。現在の高層庁舎が出来るまで、70年以上に亘り県民に親しまれた。２００１年、国民文化祭の会場となったことからリニューアル。県の市民活動、文化活動を支える拠点になっている。

関東各県は東京の影に隠れ、どうしても地味な存在になる。群馬県も例外ではない。そこからどうやって脱却するかが、大きな課題であろう。県庁の庭にぐんまちゃんの像。２０１４年、ゆるキャラグランプリに輝き、今や大スター。県民もぐんまちゃんに負けず、もっと群馬の魅力を外へ向かって訴えていくべきではないか。豊かな自然、温泉、歴史―アピール出来ることはいくらでもある。

【メモ】

●廃藩置県

各藩は県になり、旧幕府領を統治した岩鼻県は廃止。８県体制になった。県の統廃合により、館林県など東毛は、一時栃木県に所属した。

●下村善太郎

家業の小間物商を継いだが事業に失敗。生糸輸出商となり成功した。桃井小、師範学校の新築にも尽力。初代・前橋市長。

●前橋２５人衆

下村善太郎、勝山源三郎、市村良平ら有力商人２５人。生糸関係の商人が多かった。前橋には、寄付文化が根づいていた。

●国民文化祭

演劇、吹奏楽、美術作品などを発表する文化の祭典。「文化の国体」と言われる。１９８６年、東京で第一回大会。毎年、各県持ち回りで開催される。

『県庁・昭和庁舎』

【アクセス】

ＪＲ両毛線「前橋」下車。北西へ徒歩２０分

【住所】

前橋市大手町１－１－１

38 現代人に残された伝言とは

三津屋古墳【吉岡町】

その古墳は住宅地にあった。1993年、宅地造成の際に発見されたからだ。古墳時代の終末期（7〜8世紀初頭）のものと判明したが、八角形墳という極めて特徴的な姿をしていた。こうした形状は全国でも大変珍しく、天皇陵など、特別な身分の人物の墳墓に見られる特徴だそうだ。

古墳時代は、3世紀後半〜8世紀初頭の450年ほど。この間、全国に大小20万基もの古墳が造営されたとされる。日本の古墳の代表的な形状といえば、前方後円墳。巨大なものが多く、豪族の権威の象徴ともみられる。八角形墳の出現は、7世紀中葉頃。その成り

地の支配者を表す八角形墓

古代へ誘う石室への入り口

立ちは、仏教思想説と、中国政治思想説があるという。

仏教には八角形は魂を鎮めるという考えがあり、そこから生じたというのが仏教説。中国説は、古代中国の天を祀るには円、地を祀るには方壇という思想「天円地方」の地方に基づき、地を支配する王は方壇に祀るというもの。このような考え方から、八角形墳が生まれたとされる。八角形墳が天皇陵などの特徴というのなら、この古墳は特別に身分の高い人物のものか。

古墳は二段構造で、平らな石を積み上げた「葺石《ふきいし》」で覆われている。発見当時、石室は破壊され、盗掘に遭い副葬品は残っていなかった。年代的には、飛鳥時代から奈良時代初期と思われる。律令制による天皇中心の、中央集権国家を確立しようとしていた頃である。大和朝廷の支配が、強固になりつつある時代である。古代群馬にも、天皇に近い支配者がいたのだろうか。
栄枯盛衰は世の常。貴族の時代、武士の時代と歴史は進んで行く。天皇が支配者として君臨した時代は長くない。古墳の主が天皇に近い人物だったとしても、見捨てられたのかも知れない。やがて朽ち、忘れ去られた……。風化し土に戻ろうとしていたが偶然という奇跡が起きた。再び人々の前に姿を現すことになった――何を我々に語っているのだろう。

【メモ】
●古墳時代
３世紀中葉から後半にかけて築造されたと考えられる箸墓（はしはか）古墳（奈良県桜井市）の出現をもって、古墳時代の始まりとするのが一般的な見解。
●八角形墳
舒明、斎明、天智、天武・持統、文武の天皇陵が知られる。近畿地方中心と考えられていたが、東日本でも発見されるようになった。
●前方後円墳
ヤマト王権の影響下にあった諸地域にみられる、日本列島の代表的な古墳の形。朝鮮半島の南部にもあるが、日本の影響があったと思われる。
●飛鳥時代
推古朝前後の６世紀終わりから、平城京遷都（７１０年）までの１００年余り。飛鳥（奈良県明日香村）地方が政治・文化の中心だった頃。

『三津屋古墳』
【アクセス】
ＪＲ上越線「群馬総社」下車。北へ徒歩３０分
【住所】
吉岡町大久保三津屋２０３７－１他

39 大鳥居を飾るコスモスの絨毯

小泉稲荷神社【伊勢崎市】

伊勢崎の小泉稲荷神社の大鳥居周辺では、秋になると色とりどりのコスモスが咲き誇る。ここは休耕田を利用し、コスモス畑にしたもの。雲一つない秋晴れの下、多くの人が花を楽しんでいた。その数、何と2千万本。これだけコスモスの絨毯が広がっていると、まさに壮観。こちらも解放感に包まれ、気持ちがいい。

ベルサイユ、センセーション、イエローガーデン……こんなにコスモスの種類があるとは知らなかった。中には、「えっ！」と、目を見張る品種も。シーシェルという品種は、花びらが筒状に咲く。花びらの一枚一枚が、袋のようになっていた。ミツバチが花に留まっ

秋空に映える大鳥居

広がるコスモスの絨毯

ていた。蜜を吸うのに忙しそうだ。虫も生きるのに一生懸命。その姿に愛おしささえ覚える。

大鳥居は県内最大。高さ22メートル以上。「そびえ立つ」という表現が相応しい。鳥居をくぐり、コスモス畑を見ながらしばらく歩くと、小泉稲荷はある。少し驚く光景が目に入った。朱色の鳥居がびっしりと、3列に並んでいた。京都の伏見稲荷のようだ。伏見稲荷の分霊を勧請した神社であるからだ。新田岩松時兼の勧請とする辞典もある。鳥居の多くは企業の奉納。しかし所願成就のお札だろうか、「個人奉納」の大きな鳥居があり、少しビックリ。

ここは商売繁盛と五穀豊穣の神。しかし絵馬は合格祈願も多かった。人生には様々な関門がある。その中でも受験は大きな壁。高校、大学その他、色々な受験がある。私も受験に苦しんだ。最早初老の域なのに、時折、受験の夢に悩まされる。試験などない方がいいと誰でも思うが、人生の一時期、何かに打ち込むことはやはり必要。受験もその一つとして良いのかも知れない。

不謹慎ながら、絵馬を幾つか読んでみた。切実な思いが伝わって来る。藁をも掴む思いで、祈りながら書いたのだろう。高校受験が多かった。恐らく人生最初の関門だろう。全員が勝利の報告が出来るように、私も祈った。

【メモ】
●小泉稲荷神社
祭神は倉稲魂命（うかのみたまのみこと）、大己貴命（おおなむちのみこと）。阿弥陀寺の境内に建てられた耶無陀羅寺（やむだらじ）という境内社だった。「ヤンダンジ様」と呼ばれていた。大鳥居は、１９７９年完成。
●コスモス
１０月中旬〜下旬が見頃。１０月に、コスモス祭りが開かれる。
●伏見稲荷
全国４万余の稲荷神社の総本社。７１１年、秦伊侶具（はたのいろぐ）が稲荷山に３柱の神を祀ったのが、起源とされる。
●新田岩松時兼
足利義純と、新田義兼の娘の間に生まれた。岩松郷（旧尾島町岩松）を本拠とし、岩松を名乗った。岩松氏は新田本家没落後、新田荘を支配した。

『小泉稲荷神社』
【アクセス】
ＪＲ両毛線「国定」下車。南へ徒歩４０分
【住所】
伊勢崎市小泉町２３１

40 V9の礎となった前高のエース

宮田征典【前橋市】

王貞治擁する早稲田実業と前橋高校の練習試合。誰もが驚く光景が展開された。前高の無名投手を、天下の早実が全く打てない。あれよあれよという間に、早実は前高に完封負け。早実が手も足も出なかった投手は、宮田征典《ゆきのり》。宮田と王が、その後巨人軍でチームメイトになるとは、2人とも全く想像もしなかったに違いない。

アンチ巨人だった私は、宮田が出てくると、もうテレビから離れた。幼い妹は大喜び。自分の好きな番組が見られるからだ。しかしそれだけ少年の私にとって宮田は、憎き巨人の大きな存在だったのである。「8時半の男」――そう呼ばれた投手がいたことを、思い

巨人Ｖ９の礎・宮田の母校前高

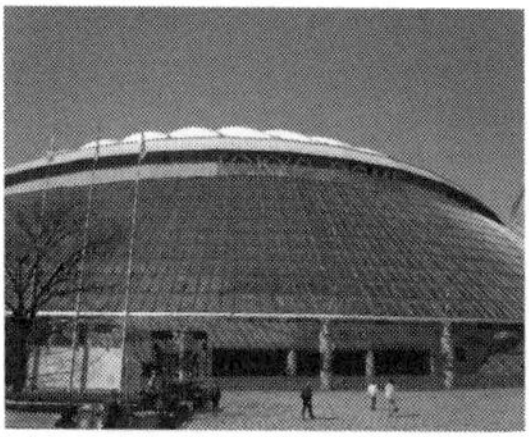
現在の巨人のホーム東京ドーム

出す人もいるだろう。

病弱で活躍出来ず、前高では甲子園とは無縁であった。日大に進学したが、発作性心臓頻脈症に悩まされた。そんな爆弾を抱えながらも猛練習に耐えた。東都大学リーグで3度の優勝。4年時には主将を務め、大学日本一に輝いた。そして巨人に入団。しかし持病もあり、本人は3年で辞めるつもりでいたという。

エースの完投、連投が当たり前の時代。西鉄の稲尾、南海の杉浦、国鉄の金田らが、30勝、40勝を挙げていた。そんな時代に宮田の出番などない。しかし「ドジャース戦法」の川上哲治が監督である。ストッパーという言葉さえない時代に、宮田をリリーフの切り札として起用した。短いイニングなら無敵の宮田。巨人Ｖ９の初年、20勝を挙げ、一躍スターダムに。登板する頃が8時半位なので、いつしか「8時半の男」が宮田の代名詞となった。

日本一のストッパーは誰か。大魔神・佐々木主浩、炎のストッパー・津田恒美、江夏の21球・江夏豊……大投手が何人も出てくるだろうが、抑えという役割を、日本人に初めて認識させた「8時半の男」を忘れてはならない。宮田は実働僅か8年で燃え尽きた。その後コーチとなり、渡辺久信、工藤公康、桑田真澄らを育てた。享年66。

【メモ】

●王貞治

中学生で草野球をしていた時、左利きなのに右で打っていたのを、たまたま散歩していた毎日オリオンズの荒川博に「左で打てば」とアドバイスを受け、打撃開眼。巨人入団後、コーチになっていた荒川の指導を受け、一本足打法になった。

●宮田征典

１９６２～６９年に巨人在籍。生涯成績４５勝３０敗。当時は、セーブ（救援ポイント）の記録は無かった。セーブが公式記録となったのは、１９７４年。引退後は、巨人、西武、中日などでコーチ。

●ドジャース戦法

ブルックリン・ドジャース（現ロサンゼルス・ドジャース）の戦法。ヒット・エンド・ランやバントなどのサインプレーを重視。現在のスモール・ベースボールに繋がる。コーチだったアル・キャンパニスが編み出した。

●川上哲治

投手として巨人に入団したが芽が出ず打者転向。弾丸ライナーの強打者として名を馳せ、「打撃の神様」と呼ばれた。青バットの大下（弘）・赤バットの川上と言われ、戦後日本に希望の灯を点した。監督として１９６５年から９年連続日本一。

『前橋高校』（関係箇所）

【アクセス】

上毛電鉄「片貝」下車。北へ徒歩１０分

【住所】

前橋市下沖町３２１－１

41 国家の横暴と戦った英雄達

共栄館跡【伊勢崎市】

１９３１年９月６日、社会民衆党を中心とした団体が、プロレタリア作家小林多喜二や劇作家村山知義などを招いて、伊勢崎の共栄館で文芸講演会を計画。しかし伊勢崎署は、これを「無届け集会」であるとして、弾圧に乗り出す。多喜二らは食事を終え、伊勢崎の協力者の家に戻ったところで、突然特高警察に拘束。地元有志も多数拘束された。

会場は、約３００人の聴衆で満員だった。そこへ難を逃れた一人が駆け付け、聴衆に報告。会場は騒然となった。有無を言わさぬ国家権力の弾圧に、人々は激怒。伊勢崎警察署に、多数の市民が押し寄せた。抗議する市民が警察を占拠。乱闘まで起こった末交渉、翌

事件は歴史に埋もれた

共栄館の跡は駐車場に

未明に小林多喜二らを奪還した。横暴な国家権力に対し、庶民が決起した、いわゆる「多喜二奪還事件」である。

共栄館は伊勢崎町南町（伊勢崎市緑町）に、大正後期、芸妓会館として開場した。落成記念に、傍の酒屋が、酒樽百本を寄贈したとの記録も残る。しかし織物で栄えた伊勢崎の花柳界を支えた共栄館は、今は無い。芸者衆を見ることも無い。建物跡は、駐車場になっている。事件を知る人は、今では皆無であろう。

2017年6月15日は、永遠に忘れられない日となった。与党が一方的に委員会での審議を打ち切り、採決を強行。いわゆる「共謀罪」法が成立した日だ。権力とは、巨大になるほど横暴になるのだ。与党はテロを、計画段階から未然に防ぐことが可能という。しかし自ら名乗るようなテロリストはいない。監視社会になることは避けられない。国連報告者も危惧を表明している。

「ビールと弁当を持っていたら『花見』、地図と双眼鏡を持っていたら『犯行現場の下見』」――「共謀罪」法の曖昧さと恐ろしさを象徴する、担当大臣の答弁である。こういう法律の下で、我々は生きることになった。戦前の日本に、同じような法律があったことを思い出す。小林多喜二は、事件の1年半後、その法律で逮捕、投獄、拷問の果てに殺害された。

【メモ】

●小林多喜二

秋田県生まれ、北海道小樽市で育つ。小樽高商（小樽商科大）在学中に、創作活動を始めた。代表作に「蟹工船」「党生活者」など。東京・築地警察署で拷問を受け、２９歳で虐殺された。奪還事件では、後に前橋市長となる石井繁丸らが警察と拘束者解放を交渉した。

●「共謀罪」法

改正組織的犯罪処罰法。犯罪集団が、実行に合意し準備行為を行った場合に適用。適用２７７の罪には、種苗法、モーターボート競走法で定めるものなどテロと無関係と思われるものもある。

●国連報告者

プライバシー権担当のジョセフ・カナタチ氏（マルタ大教授）。「法案の『計画』『準備行為』が抽象的で、恣意的な適用の恐れがある。プライバシー、表現の自由を制約する恐れがある」と指摘している。

●同じような法律

治安維持法。社会主義者を取り締まる法律が拡大解釈され、政府に批判的だとされると、容赦なく逮捕された。

『共栄館跡』

【アクセス】

東武伊勢崎線「新伊勢崎」下車。西へ徒歩３０分

【住所】

伊勢崎市緑町

42 防人の悲しみを偲び……

砂町遺跡【玉村町】

玉村町の砂町遺跡からは、古代の東山道《とうさんどう》跡が発見されている。東山道とは、律令制の下で整備された七道（国道）の一つである。都と東北地方を結び、本州の中央部を貫いていた。道幅は広く、10メートル近くあったと見られる。極めて直線的で、大規模な土木工事によって造られたことが想像される。

県内では、玉村を通る牛堀・矢ノ原ルート（8世紀前半）と前橋を通る国府ルート（9世紀以降）が確認されている。物資の輸送の他、役人の行き来、反乱を鎮圧する軍隊の往来など、国家権力の維持のための重要な役割を担っていた。約30里（16キロ）ごとに、駅《うま》

東山道の上野国ルート

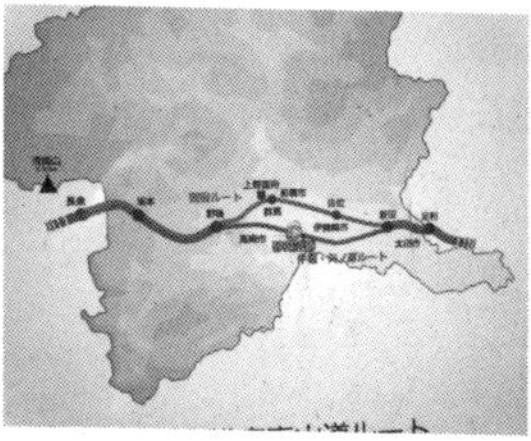

跡は公園となっている

家《や》も設けられていた。今でいうパーキングエリアである。

朝廷の威光が低下していくと、道路はどんどん水田に変えられていった。また河川の流路の変化によっても、道路は壊された。しかし江戸時代になると、中山道、例幣使道、奥州街道として整備され、現在に至っている。現代の主要国道の多くは、先人達が遺してくれた、貴重な遺産の上に成り立っているのである。

遺構は現在、公園になっていて、その面影を見ることは出来ない。休日のある日。グラウンドで、女子サッカーの試合をしていた。今の女の子は逞しい。躍動する未来を担う少女達の姿が眩しかった。児童公園は、遊具で遊ぶ子供達の歓声で賑やかだ。バラ園もあり、色々なバラが楽しめる。小ぶりなバラが幾輪か咲いていた。健気な姿が愛らしい。

防人へ行くときも、ここを通った。大宰府へ行くことは、今生の別れのようなもの。二度と家族に会えないかも知れない。その悲しみ、妻への愛情を歌った群馬県民（当時は上野国）の歌も万葉集に残る。当時は歩いての旅。辛い道中に詠んだのだろうか。

ひな曇り　碓氷の坂を　越えしだに　妹《いも》が恋しく　忘らえぬかも
わが妹子《いもこ》が　偲《しぬ》ひにせよと　付けし紐　糸になるとも　我《わ》は解《と》かじとよ

【メモ】
●砂町遺跡
　１９９８〜９９年、北部公園整備に伴う発掘調査で発見された。古墳時代前期の灌漑用水跡、奈良時代の道路跡などが発見された。
●東山道
　近江—美濃—飛騨—信濃—上野—下野—磐城—陸奥を結んだ。七道とは、東海道、東山道、北陸道、山陰道、山陽道、南海道、西海道のこと。各地方の区分名にもなった。
●駅家
　宿所、食糧を提供した施設。乗用の駅馬（えきば）を備えていた。駅長は税を免除されていたが、負担が大きく逃亡も多かったという。
●防人
　各地から徴集され、大陸に近い筑紫、壱岐、対馬などを警護した。東国出身者は、大宰府（奈良時代に置かれた九州を総管する役所）警護を割り当てられた。

『砂町遺跡（北部公園）』
【アクセス】
　ＪＲ両毛線「前橋」から永井バス。「上福島」下車すぐ
【住所】
　玉村町上福島３１１－１

43 「さいた　さいた」――健やかな成長を願い

井上武士【前橋市】

さいた　さいた　チューリップのはなが
ならんだ　ならんだ　あか　しろ　きいろ
どのはなみても　きれいだな

ＪＲ前橋駅の発車メロディーは、「チューリップ」である。幼い頃に、誰もが歌っていた童謡に、心和む人も多いだろう。作曲者が、前橋市ゆかりの井上武士《たけし》であることから、同市のアピールとして２０１４年４月から、発車メロディーに採用された。

前橋の玄関「前橋」駅

「チューリップ」の歌碑

井上武士は、勢多郡芳賀村五代（前橋市五代）に生まれた。小学校で、唱歌を写してオルガンを弾いていると、先生から自分で作ってみてはと言われ、作曲に興味を持ったそうだ。群馬師範（群馬大学教育学部）を出て、小学校で教えていたが、向学心やみ難く、東京音楽学校（東京芸大）に入り、首席で卒業した。東京芸大、立教大、東京音大などで教鞭を取り、日本教育音楽協会会長、文部省の教科書編纂委員などを務めた。日本の音楽教育の中心的人物だった。

チューリップは１９３２年に、作詞者不詳のまま作られた。満州事変の勃発で、国内が混乱していた頃である。著作権が認識され出した１９８３年、作詞した近藤宮子《みやこ》氏が、著作権の確認を求め、音楽著作権協会などを相手に提訴。裁判を続け、93年、86歳にして作詞者と認められた。

井上は他にも、「うぐいす」「うみ」「麦刈り」「菊の花」など沢山の唱歌や歌曲を作っている。県内各校の校歌も作曲した。母校の前橋の芳賀小の他、宮城小、宮城中、高崎の寺尾小、旧制館林中、太田工高など数多い。

前橋駅北口のロータリーに、チューリップの歌碑がある。1995年、井上の生誕100年を機に作られ、中央広場に設置されたが、駅前整備事業でこの場所に移動した。歌が末永く愛されて欲しい、との願いが込められた碑だという。碑に描かれたチューリップの姿は、子供が仲良く踊っているように見える。子供は未来からの使者。未来を築く主体者である。どの子も尊い。一人一人が、愛情豊かに健やかに育つことを願う。

【メモ】
●「チューリップ」
唱歌は国が作るものという方針のため、作詞者は公表されなかった。2番、3番は後年、井上武士が作詞した。
●井上武士
医師の家に、8人兄弟姉妹の末っ子として生まれる。9歳で父を亡くしている。NHK全国歌唱ラジオコンクールの審査委員も務めた。
●満州事変
1931年、奉天（瀋陽）郊外の柳条湖で起きた鉄道爆破を、中国の仕業として始まった日本の満州侵略戦争。32年、日本の傀儡国家「満州国」が成立した。
●近藤宮子
広島市出身。専業主婦だったが、幼稚園唱歌研究部に関わっていた父藤村作（つくる）に依頼され、「チューリップ」「こいのぼり（歌い出し＝屋根より高いこいのぼり）」などを作詞した。

『前橋駅』（関係箇所）
【アクセス】
JR両毛線「前橋」
【住所】
前橋市表町2－367－1

44 羅馬時代の野外劇場の如く

伊香保温泉【渋川市】

伊香保温泉は、日本で初の「温泉都市計画」で造営されたことを謳う。現在の様な温泉街が形成されたのは、戦国時代である。武田勝頼が、長篠の戦で負傷した兵士の治療のため整備させた。わずかな浴舎があるだけだったこの地に、今の温泉街に繋がる原型が出来た。また温泉を守るため、武田配下の家来を大屋にし、その管理を任せた。

都市設計は、石段街を造り、左右に宿を配置するというもの。源泉を斜面を利用して流し、宿に分湯した。江戸時代になると、水沢寺、榛名神社の参拝客が訪れ、湯治場として人気を集めた。9代将軍徳川家重の治世下、大屋12軒が引湯権を与えられ、干支を屋号とした。明治維新まで、交代で自分の干支の年に、名主や関所の役人を務めた。

石段街の入り口にある碑

ここには子（ね）の宿が

今の伊香保は、ホテルが立ち並ぶ近代的な温泉街である。しかし石段街には、射的場など昔ながらの遊技場やお土産物屋が健在で、懐かしさを感じさせる。大屋の宿のあった場所に、干支をかたどったプレートが埋め込まれている。大屋は14軒となり、乾坤《けんこん》を加えたが、そのうち現在でも営業しているのは、４軒ほどだという。

榛名山の一角に、段また段を成して、
羅馬時代の野外劇場の如く、
斜めに刻みつけられた桟敷形の伊香保の街……

石段の中腹に、与謝野晶子の詩「伊香保の街」が刻まれている。伊香保は多くの文人に愛された。与謝野晶子の他、徳冨蘆花、田山花袋、夏目漱石、芥川龍之介、谷崎潤一郎、竹久夢二、若山牧水、萩原朔太郎……足跡を残した文人は数多い。近代日本の文学史が、ここだけで語れそうだ。温泉と共に、榛名山系の豊かな自然が織りなす明媚な光景にも、心魅かれたのだろうか。万葉集でも多く詠まれた伊香保の地。文学者の創作意欲を掻きたてるような魅力があったに違いない。

身を返し　伊香保の街の　石段を　雨の歩める　初夏の朝　　与謝野晶子

【メモ】

●伊香保温泉

縄文、弥生時代、温泉が湧いていた形跡はない。榛名山二ツ岳の爆裂で湧出したとされる。鎌倉時代、上野国守護の長尾氏が温泉を開発したとされる。２０１０年、石段は３１５段から、１年中賑わうようにと、３６５段になった。

●武田勝頼

上野国・箕輪城攻めで初陣を飾る。武田信玄の四男。信玄亡き後、家督を継いだ。

●長篠の戦

１５７５年、鉄砲部隊を有する織田信長・徳川家康の連合軍に武田が敗れた戦い。武田方は、１万以上が死傷したとされる。

●徳川家重

８代将軍徳川吉宗の長男。言語不明瞭で、猿楽（能）を好み、文武を怠ったため、吉宗や幕閣を悩ませた。女性説もある。

『伊香保温泉』

【アクセス】

ＪＲ上越線「渋川」から関越交通バス。「伊香保温泉」下車すぐ

【住所】

渋川市伊香保町

45 四つの墓に眠る「王」の謎

大室古墳群（上）【前橋市】

赤城山南麓の大室地域からは、2万5千年前の旧石器時代の石器が多数発見されている。赤城山を望むこの広大な地域では、有史以前から人々の生活が営まれていたのである。縄文時代の住居跡も多数発見されている。やがて稲作文化が関東にも及ぶ。稲作は集団作業が必要なので、この辺りにも大集落が形成されたであろう。

集落の支配者は「王」となり、その威信・勢力を古墳の造営で示した。群馬では、4世紀頃から大規模な古墳が造られ始める。その代表例が、大室古墳群である。6世紀の初めから、前二子、中二子、後二子、小二子古墳と、100年ほどの間に四つの前方後円墳が

整備された前二子古墳

古墳を守る盾持ち埴輪

造営された。周囲で発見された十数基の中小の古墳は、臣下のものだろうか。

古墳群は復元・整備され、公園となっている。同じ前方後円墳といっても、それぞれ個性、特徴があり、違う表情を見せる。どんな人が埋葬されたのだろう。毛の国の支配者は、ヤマト政権と関係が深かったとされるので、中央権力にも影響力のある有力者かも知れない——想像が膨らんでいく。

最大の中二子古墳は、墳丘の大きさが、全長111メートル、全高14・8メートルの堂々たる威容だ。南側には、市民が作ったレプリカ埴輪が並んでいる。多くの円筒埴輪に交じって、盾持ち人形埴輪と呼ばれる形象埴輪がある。これは、古墳を外敵から守る兵士のようなものか。あるいは災いを防ぐ役割があったのか。

出土した多くの埴輪は材質から、藤岡周辺で製作されたことが判明している。藤岡市には、5世後半から6世紀後半に、埴輪作製に使われた窯跡がある。中二子古墳が造営された頃が、大室古墳群に眠る豪族の全盛期なのかも知れない。ここは戦前、「陵墓」（天皇家ゆかりの古墳）の候補でもあった。石室はまだ見つかっていない。破壊されたり盗掘にあったりした古墳は多い。それだけに、群馬の古代史の解明が期待されれ、発見が待ち遠しい。

【メモ】
●旧石器時代
打製石器を用い、磨製石器を伴わない時代。約２５０万年前から約１万年ほど前までとされる。日本では旧石器時代は存在しないとされていたが、笠懸村（みどり市）の相沢忠洋氏が存在を証明した。
●稲作文化
縄文時代の終わり頃には、日本に伝わったとされる。弥生時代になると急速に広まり、弥生時代中期には、日本列島に広範囲に伝わったと思われる。
●前方後円墳
江戸時代の国学者蒲生君平が編集した「山陵志」で、初めて名称として登場した。形状から「貴族の乗る車」を想像し、車輪と思われる円形部を後ろ、牛馬を繋ぐ方形部を前とした。しかし古墳時代に、そういう車はなかったことが分かり、この説は否定されている。
●窯跡
藤岡市一帯は良質な粘土層に恵まれ、埴輪を作る職能集団がいたとされる。奈良時代の上野国分寺の瓦も作っていた。瓦は、現在でも藤岡市の名産品の一つ。

『大室古墳群』
【アクセス】
ＪＲ両毛線「前橋」から日本中央バス。「大室公園」下車すぐ
【住所】
前橋市西大室町、東大室町

46 黄泉の国への物語

大室古墳群（下）【前橋市】

古代の群馬は大陸との交流が活発で、大室古墳群の西、榛名山東麓では、5世紀後半の韓式形土器が出土するなど、渡来文化も見られる。しかし6世紀初めや中頃に、榛名山が大爆発。甚大な被害で、軽石などが降り積もり、田畑の耕作が不可能になった。人々は、移動を余儀なくされた。移動先の一つが、赤城山南麓であった。

前二子、中二子古墳の下層から、6世紀初めの榛名山の火山層が見つかったので、古墳の造営が、6世紀初め以降と分かるそうだ。大型古墳は、全国的に6世紀頃から姿を消していくが、群馬地域では造られ続ける。ヤマト政権とは、一線を画した権力の存在を想像させる……

市民作製埴輪に守られる

黄泉の国への入り口のよう

しのぶ毛の国二子塚

「上毛かるた」にも、大室古墳群は詠まれている。前方後円墳は横から見ると、塚が二つ並んでいるように見えることから、「二子塚」と呼ばれる。「毛」は、稲など穀物を表す。毛の国は、豊かに実った稲穂の黄金色が映える美しい国であったであろう。

幕末から明治にかけて、英国の外交官として日本に派遣されたアーネスト・サトウは、考古学に興味を持ち、大室古墳群など県内の古墳を調査した。前二子古墳のスケッチをし、石室に塗られた赤色の顔料、ガラス玉の科学的分析を行っている。これは古墳の日本初の科学的な分析とされる。

後二子古墳から、耳環が11点検出された。ここには6人程が眠っていたようだという。熟年女性の歯も発見された。また石室の入り口部の前面から、煮炊きの跡やまとまった土器が発掘された。これは葬送儀礼の黄泉戸喫《よもつへぐい》に使われたようだという。
小二子古墳は、最も後に造られた最小の古墳。墳丘の上は、市民が作った埴輪のレプリカで飾られている。調査に基づき、造営時の様子を再現したそうだ。埴輪の形状は、人物、動物、家、大刀などバラエティーに富んでいる。埴輪がおもちゃのようにも見え、親しみを感じる古墳である。

【メモ】
●渡来文化
人物や亀、犬などの動物の小像が付いた土器は、大陸の影響が濃いと思われる。このような土器は、韓国の新羅の都であった慶州市を中心に多数発見されている。
●ヤマト政権
国名としての「大和」の表記は、８世紀後半の養老令施行後のことなので、現在は「ヤマト」と表記することが多い。各地の前方後円墳の存在は、ヤマト政権と地方の豪族が埋葬儀礼と墓制を共有しつつ、政治的な連合を形成していたことを表すとみられる。
●アーネスト・サトウ
「サトウ」という姓は、スラブ系の希少姓だが、ドイツ系の父の姓。日本姓の「佐藤」とは無関係。日本人女性との間に、３人の子をもうけた。日本滞在は、２５年に及ぶ。植物学者の武田久吉は次男。
●葬送儀礼
「古事記」に黄泉戸喫の記述がある。黄泉の国の話では、イザナミは黄泉戸喫をしたため、帰れないとイザナギに語った。黄泉の国の竈で煮炊きしたものを食べることで黄泉の国のものになり、現世には帰らないと考えられていた。

『大室古墳群』
【アクセス】
ＪＲ両毛線「前橋」から日本中央バス。「大室公園」下車すぐ
【住所】
前橋市西大室町、東大室町

47 「日本人はスズメではない」――怒りの抗議

ジラード事件【榛東村】

1957年1月30日、相馬ケ原の米軍演習場で、米軍兵士ジラードが薬莢を拾っていた婦人を呼び寄せ、突然発砲。婦人を即死させた。後に、「ジラード事件」と呼ばれる米軍人の凶行である。当時の週刊朝日に、怒りの記事が載った。「GI諸君に要求したい。日本人はスズメではない」。日米どちらの裁判所で裁くか――米在郷軍人は「遅れた日本の裁判所に引き渡すな」と声を上げ、「公務中だった」と米側は主張。しかし驚くことに、米側は譲歩した。

11月9日、前橋地裁は「懲役3年執行猶予4年」の判決を下した。とても考えられない

横暴に抗議した朝日新聞

執行猶予を出した地裁

軽い判決であった。実は裏で、信じられない密約が交わされていた。「日本は傷害致死以上の罪では起訴せず、検察筋を通じて判決を出来るだけ軽くするよう勧める」――ジラードはその半月後、帰国してしまった。密約は1994年、外務省の公文書公開で明らかに。

薬莢や弾頭などの金属類拾いは、日本軍に土地を奪われた人々により、戦前から行われていた。射撃訓練で、貴重な収入源の炭俵あみ原料のカヤにひどい被害を蒙り、薬莢類を売ることを生業にしている人々が、大勢いたのである。戦後は米軍の薬莢を拾った。それはもちろん違法行為（窃盗）であったが、生きるためにやむを得なかった。

当時の社会党群馬県調査団が、榛東村へ。しかし協力を渋る村側。村は規制が厳しくなり、薬莢拾いが出来なくなることを恐れたのだ。朝日新聞のインタビューに、村の青年が答えている。「基地撤廃は

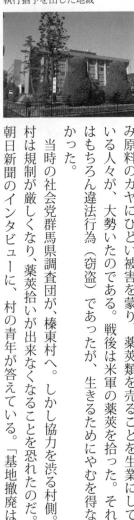

その趣旨は賛成だが、米軍を刺激したら大変だ。村の生活を親身になって考えて欲しい」群馬から米軍はいなくなった。しかしこの言葉は、米軍の駐留地を抱える地、特に沖縄では、現在でも抱える矛盾を象徴している。国土面積のわずか1％の沖縄に、70％以上の米軍基地が集中している。米軍の犯罪も後を絶たない。私達は、沖縄の抱える苦しみから目を背けていないだろうか。

【メモ】
●相馬ケ原
　榛名山の南東斜面の広大な裾野の一部。１９２０年、旧陸軍演習場となり、戦後米軍に接収された。１９５８年、米軍撤収。その後は自衛隊の施設になった。
●ジラード事件
　目撃証言、日本の世論の高まりに、米軍は殺害を認めた。ウィリアム・Ｓ・ジラード３等兵（当時２１歳）は除隊、日本人女性と結婚し帰国した。米軍の発砲事件が日本各地で起きたが、形だけの裁判で済まされ、日米安保体制下での日本の立場の弱さが際立った。
●ＧＩ
　Ｇｏｖｅｒｎｍｅｎｔ　ｉｓｓｕｅ（官給品）の略。兵士の衣服や装備品が官給であることからきた米兵の俗称。
●米軍の犯罪
　日本復帰の１９７２年から２０１６年までの米軍構成員による犯罪は、凶悪犯５７６件、窃盗犯２９３９件など５９１９件（沖縄県の調査から）。

『相馬ケ原駐屯地』（関係箇所）
【アクセス】
　ＪＲ高崎線「高崎」から群馬バス。「相馬ケ原自衛隊」下車すぐ
【住所】
　榛東村新井１０１７－２

48 モンペで戦った初の女性県議

町田とく【伊勢崎市】

1991年4月8日の朝日新聞群馬版の、ある記事に驚いた。「伊勢崎市区の無所属町田とく氏以来、44年ぶりに県内2人目の女性県議が生まれた」――「え！　それまで女性議員は全くいなかったの」。女性の政界進出は進まない。2019年の県議会選でも定数50で、女性の当選者は4人しかいない。

群馬県初の女性県会議員である町田とくは、前橋で生まれ、15歳で伊勢崎の町田家へ嫁いだ。町田家は醤油醸造業を営む地元の素封家で、夫・伝七は9代目。伊勢崎町議を3期務めたが、病没。とくが家業を切り盛りした。「しっかり者で頭も切れるから家の切り回

県議会は女性が少ない

女性先駆者が眠る寺院

しも上手だ」と評判であった。婦人会長、方面委員（民生委員）を務めた。戦時中、出征軍人を送るときは「必ず生きて帰りなさい」という気持ちでいたと、後年語っていた。

第2次大戦後、女性に参政権が付与。1947年4月、男女平等の下で選挙が行われる。知事、市町村長、国会議員、地方議員と選挙に埋め尽くされた月であった。「そのにぎにぎしさは『選挙祭り』の形容でもまだ足りない情況にあけくれた」と「群馬県議会史」に載っている。

県議会伊勢崎市区は、定数2で4人が立候補。町田とくも周囲に推され、無所属・中立の立場で立候補した。リヤカーに乗り、番頭に引いてもらって演説して回ったという。「一銭の運動費も遣わずに出たので、警察官が空前だといった」と「群馬県議員名鑑」にある。社会党、共産党の候補を抑え、民主党の候補に次ぎ6千票を超える得票で見事当選。

食糧難の時代、家事育児に追われる主婦層の立場を代弁した。カスリーン台風が県を襲った際は、和服にモンペ、わらじ履きで県内中を回り復旧に尽力した。しかしその心労がたたり、在職中に病に倒れ死去。64歳だった。「気さくで愛嬌があり、渋好み。処世が巧みで批判力もあり、世間を見る目が高かった」(「群馬県議員名鑑」から)そうだ。

【メモ】

●町田とく

５男２女の母。議会では、総務・民生の各常任委員、決算特別委員などを歴任した。

●女性の政界進出

世界経済フォーラム(WEF)が、２０１９年に発表した各国の男女格差(ジェンダーギャップ)では、日本は１２１位(調査対象１５３カ国)。政治分野で１４４位。2人目の女性群馬県議は、共産党の早川昌枝氏。

●夫・伝七

幼名・浜次。町田家は、江戸中期に荒物屋を始め、財をなした。幕末に醤油醸造に転業。伊勢崎の市制施行に伴い、初代市長に推されたが病身のため辞退した。５６歳で死去。

●女性に参政権

１９４６年4月、初めて女性が参政権を行使した衆院選が行われ、３９人の女性議員が誕生した。

『善応寺(町田とく墓所)』(関係箇所)
【アクセス】
ＪＲ両毛線・東武伊勢崎線「伊勢崎」下車すぐ
【住所】
伊勢崎市曲輪町１０－１１

『群馬県庁』(関係箇所)
【アクセス】
ＪＲ両毛線「前橋」下車。北西へ徒歩２０分
【住所】
前橋市大手町１－１－１

東毛・あんな話こんな話

49 「愛別離苦」――夭折の詩人

中沢清【桐生市】

夭折という宿命が襲うときがある。家族、友人など関係が深ければ深いほど、悲嘆は大きい。まだ年若い最愛の人を失った人々の慟哭に遭遇したことが、何回かある。「愛別離苦」とは、人間が体験する「不幸」の中で、最も悲しい出来事の一つかも知れない。

世に知られることなく、22歳で生涯を閉じた詩人中沢清は、飛行機を造ることを夢見ていた少年時代であった。前橋に生まれたが、検察庁勤務の父の転勤で、伊勢崎、新田、桐生と引っ越しを繰り返した。1944年、桐生工業の航空機科に入学したが、翌年終戦。少年は目標を失った。しかし芸術が少年を蘇生させた。

文学や絵画にも興味を持っていた少年は、文芸誌に投稿した「骸骨」という詩が入選し、激賞された。新たな希望を芸術に見出した少年は、創作活動に熱中した。

桐工で飛行機制作を夢見た

群大では「詩土」を刊行した

寒い色ずりガラスの市街を
足のない骸骨が流れてゆくのを
あなたは見たことがあるか　（「骸骨」から）

「詩人の課《つと》めは詩的美の世界をつくることである。それ以外にはない」「詩的美の世界は表現された世界である。実生活そのままの姿ではない」と述べていた。衝撃的な言葉が並ぶ詩も、詩人にとっては自身の美の世界の発露なのである。

群馬大学学芸学部（教育学部）に入学すると、美術を専攻。その傍ら友人達と詩誌「詩土」を刊行し、運営・編集に携わった。3年生になると、哲学研究部に入部。デカルト、ライプニッツ、ベルグソン等を学んだ。

雲がかかったり
激しい風の吹く日など

彼の額には氷雨が降っているのでしょう。
でも、ぼくたちは
彼の額に雲がかかっているのが見えるだけです。（「赤城山・冬」から）

1953年12月、大学で失神し、群大病院に入院。翌年6月、心臓麻痺のため、永眠した。

【メモ】
●愛別離苦
仏教でいう人間が免れない苦しみ「四苦八苦」の一つ。親愛な人と離別する苦痛や悲しみ。
●中沢清
１９３２年生まれ。１６歳のとき、「骸骨」を詩誌「文学集団」に投稿。選者の村野四郎に注目された。死後、友人達により遺稿集「みしらぬ友」が刊行された。
●桐生工業
１９３４年、色染・機織科で発足。４３年、航空機科を設置するも４５年に、機械科に。
●群馬大学学芸学部
１８７３年設置された小学校教員伝習所が淵源。１９４９年、学芸学部設置。６６年、教育学部に改称。

『桐生工業』（関係箇所）
【アクセス】
上毛電鉄「西桐生」下車。北へ徒歩３０分
【住所】
桐生市西久方町１－１－４１

『群馬大学教育学部』（関係箇所）
【アクセス】
ＪＲ両毛線「前橋」から関越交通バス。「群馬大学荒牧」下車すぐ
【住所】
前橋市荒牧町４－２

50 あまりに切ない17歳での終止符

長澤延子【桐生市】

「西の西陣、東の桐生」と言われたかつての織物の街。今は歩く人もまばらで、閉じている店舗が目につく。昔の華やかさは知らないが、街を歩いているとこちらも少し切ない。この町で生まれ、詩の才能に恵まれながら、17年の生涯に自ら終止符を打った一女子高生の軌跡を辿った。

母よ
静かなくろい旗で遺骨を包み
涯ない海原の波うちぎわから流してくれまいか　（「旅立ち」から）

少女の名は、長澤延子。勉強の出来る模範的な子供だったが、「心に虚無が吹き荒れて

少女はここで何を考えたのか

かつての賑わいは見られない

いた。本当に幼いちいちゃな頃から」（手記から）。「今も残っている記憶は四歳から始まる。その第一頁は、棺に入った母の死顔」（同）。母の死の情景は、彼女の短い生涯を通し、心の底に沈殿していたに違いない。桐生でも、有数の織物業者だった伯父の養子になった。

桐生高等女学校（桐生女子高）に入学したが、戦争で授業は無くなり、学徒動員された。終戦は、動員先の工場で迎えた。部活はバスケットボール。しかし上級生になると、文芸部や映画部に所属した。また新聞部を創設し、壁新聞を作った。神奈川・逗子で自殺した一高生・原口統三の遺稿集「二十歳のエチュード」を読み、「原口病」と言われるほど心酔した。

青年共産同盟に加盟。養父母が猛反対したが、隠れてメンバーとの交際は続いた。服毒自殺を試みるが、失敗――。

　　出パンだ。

帆を張り錨をあげ

もう二度と寄港はするまい
最初の港、そしてこれが最後の港。
白い船腹が青い波に美しすぎる。

（「寄港日誌」から）

自殺未遂から2カ月後、バスケット部の友人を家に招き、食事を共にした。そして最後の詩「寄港日誌」を書き、服毒自殺。「書き直す気も起らないからこのままにします」と書き込みがあったという。

【メモ】
●長澤延子
１９３２年、桐生市小曽根町に長澤竹次、タツの次女に生まれる。タツは、延子が４歳のとき、胃がんで死去。１２歳で、伯父の養女となった。
●桐生高等女学校
１９０８年、４年制女学校として開校（１９４６年、５年制に）。１９４８年、学制改革により桐生女子高等学校となる。
●原口統三
京城府（現在のソウル）生まれ。第一高等学校（今の東大の教養課程に当たる）に入学し、詩作に励んだ。
●青年共産同盟
共産党の指導下にあった青年組織。後の民主青年同盟（民青）の前身。

『桐生女子高』（関係箇所）
【アクセス】
ＪＲ両毛線「桐生」からおりひめバス。「桐生女子高前」下車すぐ
【住所】
桐生市梅田町１－１８５－１

51 水運で賑わった「富士見の渡し」

川俣宿【明和町】

利根の川風帆に帆に受けて
江戸へ江戸へと櫓音も軽く
そろう川舟、川俣宿よ　（上州八木節音頭から）

八木節にも歌われた川俣宿は、奥州への行路として利用されており、江戸時代には、利根川の渡津、水運の河岸として栄えた。川俣渡船場は、坂東十六渡津に数えられ、渡航者の取り調べが厳重で、江戸防衛の拠点となっていた。また年貢米や材木の積出港としても機能していた。富士山が美しく見えることから、「富士見の渡し」と親しまれた。

古地図に描かれた川俣宿

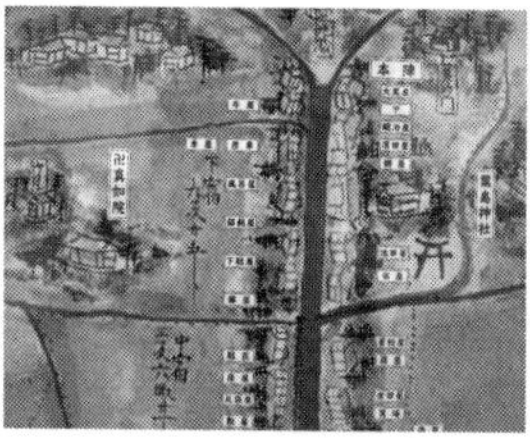

現在の川俣宿跡は住宅街

徳川家康の遺骸が駿府の久能山から日光に改葬される際、ここを通り、以後、将軍が日光に参拝するとき利用されるようになった。行程は、江戸日本橋から鴻巣までは中山道、鴻巣から行田～新郷～川俣～館林を経由し佐野に至り、佐野～日光は例幣使道となる。そのため鴻巣～佐野間は、日光脇往還と呼ばれた。

川俣宿は、江戸時代前期の寛永年間には成立していたらしい。日光火の番衆（八王子千人同心）が、幕末まで通行していた。館林出身の明治の文豪田山花袋は、川俣宿をよく書いていたそうで、小説「土手の家」に出てくる料理屋「田中屋」のモデルとなった建物もあったという。

宿跡にある説明板に古地図が載っていた。本陣は、利根川に近い所にあった。ここには、身分の高い武士が泊まるのだろう。真如院、粟島神社は今もある。風呂屋、下駄屋、床屋、足袋屋などあり、宿場の様子が分かる。「池田屋」「若松屋」「金田屋」とあるのは、宿屋だろうか。
旅人は、風呂にゆっくり浸かって体を休め、気晴らしに利根川の土手を歩くこともあったのだろうか。床屋でさっぱりし、新しい足袋を求め、気合を入れて「さあ、行こう」と言っていたかも知れない。ここは、足尾銅山の操業停止を求めて上京する鉱毒被害民と、妨害する憲兵が衝突した「川俣事件」の地。その碑もある。

【メモ】
●川俣宿
１９０７年、東武鉄道（川俣～足利）の開通により、役割を終えた。
●坂東十六渡津
重要な渡航ポイントで、群馬県内では、川俣、赤岩（千代田町）など。川俣の渡しは１９２９年、昭和橋が完成したため廃止となった。
●久能山
家康は晩年を駿府（静岡）で過ごし、久能山に葬ることを遺命とした。一周忌が過ぎたら日光に堂を建て勧請し、神として祀ることと遺言した。
●日光火の番衆
甲州口（武蔵・甲斐国境）の警備、治安維持が仕事であったが、太平の世になり、警備の役割が薄れると、日光勤番が主な役割になった。寛政年間に、蝦夷（北海道）に渡り、苫小牧、白糠（しらぬか）の基礎を作った。

『川俣宿跡』
【アクセス】
東武伊勢崎線「川俣」下車。南西へ徒歩２０分
【住所】
明和町川俣

52 勇猛果敢——新田武士団の誕生

総持寺【太田市】

浅間山の噴火によって荒廃していた旧新田郡を開発したのは、源義家を祖とする新田義重であった。義重に土地の支配権が認められたのは、1157年頃のことらしい。義重は、他の豪族と競合しながらも、息子達に所領を譲って荘内に配置し、支配を強固なものにしていった。新田武士団の誕生である。

新田荘は、徳川発祥の地とされる。義重の子義季《よしすえ》は、譲られた世良田郷の利根川沿いを徳川と改称し、徳川を名乗った。9代目の親氏《ちかうじ》は、南北朝の動乱の際、南朝に付くが、北朝の猛攻により国を追われ流浪の身に。三河松平郷に身を寄せ郷主在原信重《のぶしげ》に入婿し、松

新田義重の居館とされる総持寺

新田庄歴史資料館の新田義貞像

平親氏となった。その8代後が、徳川家康であるという。

中世の武士は江戸時代と違い、武力を持った農民と言った方がよい。合戦が無ければ、田畑の耕作に励んでいた。また土地の管理者として年貢を徴収し、都にいる領主に納める役割を担っていた。しかし時代が下るにつれ、武士はその軍事力を背景に、現地での支配力を強めていった。新田氏は開拓農主として経済力もあり、上野国に有力武士団を形成していった。

太田・世良田の総持寺は、新田氏館跡に立つ寺院である。元は新田氏の始祖義重の居館だったとされている。他に世良田頼氏（新田義重の孫）居館説、新田義貞居館説などもあるが、いずれも新田氏の惣領クラス。最有力者の館だったに違いない。その規模は今の寺域とは比較にならず、二町四方（一辺200メートル）はあったろうとされる。

中世日本に激震が走った。蒙古襲来である。2度の侵略を退けた鎌倉幕府であったが、武士に恩賞を与えられない。当時の報奨は土地。外国との戦争では、没収地がない。北条得宗家の横暴も目に余る。武士の不満は募っていった。後に天皇親政を目指す後醍醐天皇に従い、倒幕を成し遂げた新田義貞は8代目の惣領。静かな総持寺境内だが、勇猛果敢な新田武士の雄叫びが聞こえたようだった。

【メモ】

●浅間山の噴火

１１０８年の大噴火。上野国には噴出物が降り積もり、大打撃を受けた。義重の父源義国は、下野国足利荘を開発した。義重の弟義康が継ぎ、足利氏の祖となった。

●新田義重

源義家の孫に当たる。平清盛の娘を息子の嫁に迎えた太政大臣藤原忠雅が領家だったので、その威光を背景に急速に力を伸ばした。

●新田武士団

義重は、里見（高崎）に長子義俊、山名（同）に次男義範を配し、それぞれ里見氏、山名氏の祖となった。

●総持寺

南北朝時代の僧慶範の開山とされる。真光寺といったが、２世慶賢が総持寺と改称した。江戸時代は、真言宗の学問所となり３６の末寺を有した。

『総持寺』

【アクセス】

東武伊勢崎線「世良田」下車。南へ徒歩２０分

【住所】

太田市世良田町３２０１－６

『新田荘歴史資料館』（関係箇所）

【アクセス】

東武伊勢崎線「世良田」下車。南へ徒歩２０分

【住所】

太田市世良田町３１１３－９

53 徳川の源流を今に伝える古刹

長楽寺【太田市】

長楽寺は徳川の祖新田義季《よしすえ》が、1221年に開基した。栄朝を開山とする臨済宗寺院で、東日本最初の禅寺である。鎌倉時代には、広大な敷地に多くの塔頭寺院が軒を連ね、最盛期には500人の学僧がいたという。室町時代に五山十刹の制度が成立すると、十刹の7位に列せられ、官寺として保護された。しかし戦国時代になると、衰退し荒廃した。

徳川家康が北条氏討伐の功績により関東を拝領すると、祖先開基の寺院として重視し、長楽寺復興を天海に命じた。天海とは、家康のブレーンとなった僧である。家康と出会ったのは1608年。家康65歳、天海72歳だった。家康は「天海僧正は、人中の仏なり、恨奇抜な姿の「太鼓門」

竜宮に通じた？蓮池

むらくは、相識ることの遅かりつるを」と嘆いた。天海は家康亡き後も、秀忠、家光の参謀となり、江戸幕府265年の基礎を築いたと言われる。

天海は長楽寺を天台宗に改め、末寺700余の大寺院に成長させた。しかし明治になると廃仏毀釈や神仏分離のため、塔頭が破壊され寺内は荒れた。今は寺域は整備され、一帯は歴史公園となっている。三仏堂、太鼓門などが県の重要文化財に指定され、本堂は建て直された。

境内には「蓮池」という池がある。別名「心字池」、心の字をかたどったそうだ。池は竜宮に通じているという伝説がある。——欲しい品名を書いた手紙を池に投げ込むと、水がそれを吸い込み、その品物が忽然と水面に現れるという。ある時、寺の行事で千畳張りの蚊帳を借りた。蓮の糸で織られた見事な物で、寺僧が惜しんで返さなかったところ、以後いくら手紙を投げ込んでも、品物は現れなかったという――

池に架かる「渡月橋」を渡り、思った。昔は自然豊かな地であっただろうから、神秘的な雰囲気もあり、そんな伝説が生まれたのだろう。天海は106歳まで生きた。家康に長生きの秘訣を聞かれて答えたそうだ。「粗食、正直、白湯、お経、時々オナラ」。長寿を願う人は、倣ってみたらよい。

【メモ】

●新田義季

新田義重の四男。得川（徳川）を名乗り、徳川初代とされる。晩年は出家し、栄勇と名乗った。

●栄朝

臨済宗の開祖栄西の高弟。上野国那波郡の生まれ。８３歳で遷化するまで、２７年間住職を務めた。

●五山十刹

朝廷・幕府が定めた禅宗官寺の寺格。南宋の制度を移入した。十刹は、五山に次ぐ。長楽寺は、足利尊氏によって十刹に定められた。

●天海

陸奥国（福島県）出身とされる。織田信長の比叡山焼き討ちに遭い、武田信玄の元へ行く。家康の命によって駿府に赴いた。宗教政策、江戸の都市計画に辣腕を振るった。

『長楽寺』

【アクセス】

東武伊勢崎線「世良田」下車。南へ徒歩２０分

【住所】

太田市世良田町３１１６－３

54 家康の睨みは、現代にも？

世良田東照宮【太田市】

世良田東照宮は、徳川家光が日光東照宮を大改修した際、奥社の拝殿と宝塔（現存せず）を天海に命じ、長楽寺境内に勧請したものである。全国にある東照宮の中でも、徳川発祥の地の東照宮として有名である。幕府は徳川の祖新田義季が開基した長楽寺を別当寺（管理する寺院）とし、管理、祭祀に当たらせた。社殿の修理、祭祀の費用は幕府が負担するなど、厚く庇護した。

地元住民は、火の番の奉仕により助郷（宿場の保護、馬補充などの夫役）の免除、幕府開削の神領用水の利用が許可された。東照宮の徳川家代々の保護は、世良田に文化、経済

狩野探幽彩色の拝殿

名工達が造営した本殿

の発展を促し、「お江戸見たけりゃ世良田へござれ」と俗謡が出来る程賑わった。世良田を名乗った松平、徳川は多い。三河松平家7代清康（世良田次郎三郎）、家康4子忠吉（世良田下野守）、尾張家3代綱誠（元服時に世良田を称した）、7代将軍家継（幼名世良田鍋松）などである。

新田川　その源の　清ければ
　流れの末も　にごらざりける
　　徳川慶勝（尾張家14代）

1875年神仏分離令により長楽寺から独立、徳川家からも離れ、衰退してしまった。1964年から66年にかけて修復工事が行われ、旧観を取り戻し現在の姿となっている。日光東照宮から移築した本殿、拝殿、唐門は重要文化財に指定されている。

一帯は、歴史公園として整備されている。徳川の源流に触れようと、訪れる人も多い。快晴の日曜日、東照宮を見学した。ボランティアガイドが何人かの見学者を案内していた。私は日光東照宮にも行ったことがあるが、そこと比べると小ぶりではあるが、厳かさは劣らない。

日光は江戸の北にある。それは宇宙の中心北極星に例えられる。家康が埋葬された久能山から富士山を越え、日光に向かう途中に世良田がある。これは神として再生した家康が、富士（不死）の山を越え、遠祖の地を通り宇宙の中心に鎮まったという意味であるという。家康は今も睨みを利かせているのかも知れない。

【メモ】
●世良田東照宮
１６４４年、天海の発願により勧請。翌年、朝廷から宮号が勅許され東照宮となった。
●日光東照宮
１６１６年、家康は７５歳で死去すると、久能山に埋葬され、遺言に従い翌年日光に移された。埋葬の地は、2代将軍秀忠によって東照社として祀られ、１６４５年宮号を賜わり東照宮に。
●全国にある東照宮
東照大権現たる徳川家康を祀る神社。徳川家光の進言によって諸大名が造営した。５００社以上造られたが、現存は１３０社ほどとされる。
●徳川慶勝
幕末の尾張１４、１７代藩主。維新後、尾張藩による北海道・八雲の開拓を主導した。

『世良田東照宮』
【アクセス】
東武伊勢崎線「世良田」下車。南へ徒歩２０分
【住所】
太田市世良田町３１１９－１

55　歓声よ‼　地球の裏側まで届け

ブラジリアンタウン【大泉町】

１９９０年の入国管理法改正により、日系人のビザ取得が容易になると、大泉町は労働力不足解消のため、積極的に日系人を受け入れるようになった。今では町民の1割以上が外国人となり、その中でも圧倒的に多いのがブラジル人。大泉は日本一のブラジリアンタウンである。

リオデジャネイロ・オリンピックで湧き上がる同町を訪ねた。町の中心にある西小泉駅で電車を降り、散策した。ポルトガル語の看板が点在している。外国人が何度も日本式にお辞儀をして、話をしていた。祖国を離れ、遠い日本で暮らす人々である。生活習慣の違

ブラジリアンタウンの入り口

そよ風になびくブラジル国旗

いや意思疎通の困難さから、様々な軋轢を抱えただろう。しかしそれらを乗り越え、人々はここで根を張り力強く生きている。

ブラジルの経済成長は目覚ましかった。ＢＲＩＣｓと言われ、21世紀の世界経済の牽引力となってきた。それが世界で評価され、オリンピック開催という栄誉を勝ち取った。東京オリンピックに沸いた昭和39（１９６４）年の日本に、どこか似ている。現在のブラジルは、可能性に満ちた南米の大国なのである。

リオでは、日系ブラジル人選手も躍動した。体操男子のオヤカワ・アルトゥール・ノリ・マリアーノ選手が、種目別床運動で銅メダルに輝いた。女子ラグビーのイシバシ・ハルミ・パウラ選手は、南米を代表する選手である。日本が完敗したブラジルチームの主将を務めた。ちなみに聖火トーチのデザインも、日系の方である。

大泉町のブラジル人は、経済の停滞の影響で減少した時期もあったという。しかし近年は増加傾向にあるそうだ。慣れない異国での仕事や生活に戸惑い、故郷を思い涙することもあるかも知れない。しかし持ち前の明るく楽観的なラテン気質で克服して欲しい。日本人にも、理解と共感の努力が求められる。外国人が辛い思いをしないような体制を整えることが、受け入れる側の義務である。町には、グローバル社会の手本を作ってもらいたい。

【メモ】

●入国管理法改正

日系３世まで就労可能な地位を与えられた。バブル景気を背景に、外国人労働者の受け入れを望む経済界の意向をくんだもの。

●ブラジリアンタウン

日系人がブラジル人のために、レストラン・スーパーなどを営業し始め、互いに助け合うコミュニティーが出来た。４万人余りの人口の内、４千人ほどがブラジル人。

●リオデジャネイロ

１５０１年1月、グアナバラ湾に到達したポルトガルの探検隊が、湾を河口と勘違いし、「リオ・デ・ジャネイロ（1月の川）」と命名。１９６０年まで首都であった。日本人のブラジル移民は１９０８年、７８１人が笠戸丸で渡ったことに始まる。

●ＢＲＩＣｓ

「ブリックス」。Ｂ（ブラジル）・Ｒ（ロシア）・Ｉ（インド）・Ｃ（中国）。ｓは複数形。米国の証券会社ゴールドマン・サックスが、２００１年に名づけたのが始まり。

『西小泉駅』（関係箇所）

【アクセス】

東武小泉線「西小泉」

【住所】

大泉町西小泉４－３１－１０

56 「かかあ天下」——日本を支えた働き者

絹撚記念館【桐生市】

日本の文化、伝統を語る地域の歴史的物語として認定された文化財を、日本遺産という。2015年から文化庁が始めた制度で、最初に認定された18件の一つが、「かかあ天下——ぐんまの絹物語」である。日本の経済を支えたと言っても過言ではない群馬の女性の働きが、日本の宝として認められたのである。

戦前の日本の、最大の産業であった絹産業は、女性が担っていた。特に群馬は、富岡製糸場が建設されるなど、その中心地であった。養蚕、製糸、織物は、働き者の女性の活躍なくして成立しない。その姿に、男（夫）達が、うちの「かかあは天下一」と自慢したこ

群馬の「かかあ天下」を語る

倉庫も貴重な物語の語り部

とが、勤勉な群馬の女性の代名詞「かかあ天下」となった。

構成要素12件の内、６件が桐生市にある。絹撚記念館もその一つ。ここは、日本一を誇った撚糸会社の事務所棟であった。桐生に、全国６カ所の模範工場の一つとして「桐生撚糸合資会社」が設立されたのは、１９０２年。今のＪＲ桐生駅南口一帯の広大な敷地に、最新の洋式撚糸工場が立ち並んだ。大正時代には、従業員千人を超える日本最大の撚糸会社に発展し、「西の西陣、東の桐生」と称された桐生を支えた。

工場の担い手は、家族の生活を支えるため、県内外からやって来た少女達。義務教育すら満足に受けられない貧しい少女も多かった。そのため、工場内に夜学を設置。算術、裁縫、修身などを教えた。大正時代になると、この学校で尋常小学校の課程を修了することが出来るようになった。「工場女子修身書」の目次を見ると、忠君、愛国心、恩……などとあり、当時の教育の特徴が垣間見られる。
日本が戦争に突入すると、軍需工場に転化。戦後は、再開されることはなかった。一時、進駐軍に接収されたが、その後放置状態に。信用組合所有の時期もあったが、解体する計画が浮上。しかし桐生市が保存することに。これからは、上州女性の生き様を未来に伝えることになった。

【メモ】
●日本遺産
建物、遺跡、祭り、伝統芸能など様々な文化財を組み合わせ、その地域の歴史、文化を表現する「ストーリー」を認定する。「日本茶８００年の歴史散歩」（京都府）、「四国遍路」（四国４県）などがある。
●かかあ天下―ぐんまの絹物語
家族、地域を、ひいては日本を支えた群馬の女性達の姿を、蚕に触れたり繭から生糸をひいたり絹布を織ったりして体感していく物語としている。桐生市には他に、白瀧神社、桐生織物会館旧館などがある。
●絹撚記念館
１９１７年、建設。大谷石造り洋風２階建て。１９９４年、桐生市指定重要文化財に。
●桐生撚糸合資会社
殖産興業施策として設立。桐生撚糸株式会社となり、初代社長に前原悠一郎が就いた。前原は、後に市議会議長として活躍したが、戦後全ての公職から退いた。

『絹撚記念館』
【アクセス】
ＪＲ両毛線「桐生」下車すぐ
【住所】
桐生市巴町二丁目１８３２−１３

57 都からやってきた竜神さま

貴船神社【みどり市】

平安時代、関東地方が大干ばつに見舞われた際、「水の神様」として信仰される京都の貴船神社から分霊を受け、降雨と豊穣を祈ると、慈雨に恵まれたという。人々の祈りが叶ったことから信仰を集め、大間々扇状地奥の山地に分社し祀ったとされる。関東の北から、今も人々を守っている。現在の貴船神社は、江戸時代の1668年、建立されたと伝わる。

神社は、祈雨、止雨祈願の神として信仰を集めてきたが、近年は交通安全、商売繁盛の神として親しまれている。初詣には、毎年10万人以上の参拝客が訪れ、富岡の貫前《ぬきさき》神社と県内1位、2位を争うそうだ。上神梅《かみかんばい》駅から、歩いて20分ほどの所にある。途中、渡良瀬

竜神が関東平野を守護

水みくじも人気である

川に架かる橋を渡る。かつて鉱毒被害をもたらした川は、今は綺麗な流れである。

訪れたのは、1月。厚着をして歩いているせいか、汗ばんできた。しかし冷気が頬を突き刺す。世界的に温暖化が言われて久しいが、冬の寒さは年々厳しくなっているような気がする。温暖化にも、複雑なメカニズムがあるそうだ。冬が寒いからといって、地球の温暖化を軽く見てはならない。

群馬県は、北部と南部で全く気候が違う。北部は日本海側の気候、南部は太平洋側の気候である。群馬県に来る前は、テレビの気象番組で群馬の積雪情報を見て、県全体が雪で覆われているのだろうと思っていた。南部は東京と変わらない気候であることが、意外だった。高校時代の友人に、群馬県に住んでいるというと、雪で大変だろうと言われたことがある。実際に住んでみないと、その土地の事情は分からない。
鳥居から急な階段を上り切ると本殿に着く。境内は賑やかだった。年が明けて間もない頃なので、初詣客もいるようだ。竜神を祀ることから「水みくじ」もある。おみくじを水に入れると文字が浮かび上がり、運勢が分かる。しかし「おみくじ」はあくまで娯楽。それに振り回されるのは良くない。結局自分の道は、自分でつくっていくしかないのだから。

【メモ】
●京都の貴船神社
天武天皇の頃（１３００年前）の御社殿造替の社伝が神社にあることから、創建は極めて古いとされる。水神タカオカミノオオカミを祀る。竜神として信仰される。
●大間々扇状地
渡良瀬川の運ぶ砂や石で形成された。扇状地とは、山に囲まれた扇形の平野のこと。５万〜２万年前に出来たとされる。
●貴船神社
９５６年の干ばつの際、分霊されたとされる。水神の他、五穀豊穣の神オオヤマヅミノオオカミ、国土を守護するオオナムチノオオカミを祀る。
●おみくじ
後継者、国の重要事項を決定する際、神の声を聞く道具として使われた籤（くじ）が起源とされる。現在の様なおみくじを考案したのは、平安時代の比叡山の元三慈恵大師良源とされる。個人の吉凶を占うようになったのは、鎌倉時代とされる。

『貴船神社』
【アクセス】
わたらせ渓谷鉄道「上神梅」下車。北東へ徒歩２０分
【住所】
みどり市大間々町塩原785

58 温もり溢れる「銅山」の遺産

上神梅駅舎【みどり市】

「わ鉄」は元々、足尾銅山の銅を輸送するため、足尾線として敷設された。1911年、桐生（下新田）―大間々間開通、1914年、足尾本山までの全線が開通、日本の産業を支えた。しかし銅生産の減少で山は閉山。沿線の過疎化もあり、廃線の危機に直面した。住民が存続運動に立ち上がり、現在は第三セクター「わたらせ渓谷鉄道」として甦ったのである。

その施設14件が、土木遺産に認定されている。上神梅《かみかんばい》駅もその一つ。木造駅舎は1912年に竣工した。無人駅である。私が少年の頃に利用していた田舎の駅を思わせる。

正面から見た「上神梅」駅

長い歴史のある駅の全景

古びた駅舎の木造改札を通ると、昭和の世界が広がる。少年に返った私がそこにいた。入学した中学校では、列車通学をしていた。1年生の2学期に転校したので、4カ月だけの経験であったが、その思い出が甦ってきた。

駅には、犬や映画のキャラクターの縫いぐるみ。訪れる人々を和ませようとの配慮だろうか。腰かけの座布団にも、温もりが……。待合室の壁に、地元の小学生の絵が架かっていた。元気いっぱいの絵が並ぶ。人間より大きい蟹に驚いた。家族で海に行ったのだろうか。嬉しさを画面いっぱいに表していた。

画面から飛び出しそうなクワガタの絵も。元気に野山を駆け回る子供の姿が浮かぶ。ここにはまだ、私の子どもの頃の生活が残っているのだろうか。感想を書くノートがあった。東京など、遠方からも観光客が来ている。楽しい旅の感想を綴っている。漢数字の縦書きの時刻表が、古びた駅に相応しかった。

駅は、ハイキングコース「関東ふれあいの道」の発着点でもある。貴船神社、小平鍾乳洞、高津戸峡などを巡る。貴船神社は、京都の貴船神社から勧請した由緒ある神社。鍾乳洞の造形美、渓谷の燃えるような紅葉は、訪れる人々を魅了する。大間々駅までの14・5キロのコースは、感動の連続。自然と歴史に恵まれた群馬の魅力を、再認識させてくれる。

【メモ】

●足尾銅山

16世紀中頃には採掘が始まった。明治になり、古河市兵衛が買収。東洋一の生産量を誇ったが、1973年閉山。重金属を含んだ排水による土壌汚染、水質汚染は、日本の公害問題の原点となった。

●足尾線

1891年、軽便馬車鉄道の敷設開始。1918年国有化。この頃が、足尾銅山の全盛期で、産業路線としての性格が強かった。

●わたらせ渓谷鉄道

1989年、第三セクターとして発足。乗客減少への対策として、観光開発に力を入れた。

●土木遺産

土木学会の選奨土木遺産。2016年認定。他に第二渡良瀬川橋梁、第一松木川橋梁など。足尾鉄道草創期の息吹と情趣を伝える施設群で、地域コミュニティーの要として継承されるべき土木遺産と評価。駅舎とホームは、国の登録有形文化財でもある。

『上神梅駅』

【アクセス】

わたらせ渓谷鉄道「上神梅」

【住所】

みどり市大間々町上神梅193－2他

59　メッセージに込めた平和への決意

清岩寺【邑楽町】

「今回の追悼式のようなコミュニティ主導の活動は、過去に敵対関係にあった国同士でも、互いの違いや敵対心を忘れ、親しい友人関係を築けるということを世界に向けて示してくれます」「皆様の献身的な活動は、遺族の苦しみを終わらせ、また、遺族に癒しを得る機会を与えて下さいました」――キャロライン・ケネディ

邑楽町にある清岩寺の境内には、太平洋戦争中、B29、グラマンの墜落で死亡した兵士の追悼碑がある。ケネディ駐日大使のメッセージは、米兵追悼式に感謝し、寄せられたものである。２０１５年11月、メッセージは翻訳文と共に、境内に設置された。

墜落したB29搭乗員を慰霊

ケネディ大使がメッセージを

１９４５年２月、邑楽町と栃木県足利市に、東毛の飛行機工場の爆撃に来たＢ29とグラマンが相次いで墜落。合わせて26人の米兵が死亡した。追悼式は、地域住民の主導で行われている。その事実に大使も感動を隠さない。爆撃に来た敵兵の慰霊碑が何故あるのかと、いぶかる人がいるかも知れない。しかし戦争犠牲者に敵も味方もない。戦争を決して許さないという信念が、人々を動かした。

「人間の持つ残酷さを克服し、この人生を平穏なものにしよう」――グラマン搭乗員３名の慰霊碑には、ケネディ大使のいとこのマクスウェル・テイラー・ケネディ氏が寄せた、父のロバート・F・ケネディ元司法長官が演説で引用した古代ギリシャの言葉が刻まれている。マクスウェル氏の著書のおかげで、グラマン搭乗員の遺族の特定に結びついたという。

米軍横田基地の広報は、Ｂ29の碑の建立にコメントを発表。「日本以外の国で、敵の兵士を敬い、慰霊する行事はないだろう。日本人の高い品格と日米の友好の絆を表すもの」。平和を希求する心に国境はない。大使は誓っている。「これまでの70年間で築き上げてきた絆が今後もますます強まっていくよう」「私たちはこれからも協調して歩み続けます」。大使の願いは、私も同じである。

【メモ】

●キャロライン・ケネディ

ジョン・F・ケネディ元米大統領の長女。29代駐日米大使を、2013〜17年に務めた。初の女性駐日米大使。ケネディ元大統領は1963年11月、テキサス州ダラスで暗殺された。

●清岩寺

江戸時代初期の開山とされる。開山した大雲文龍（だいうんぶんりゅう）は武蔵国出身の曹洞宗高僧。その書跡「水色幽玄」は、邑楽町指定重要文化財。後陽成、後水尾両天皇に書を教えた。

●B29、グラマンの墜落

2月10日、2機のB29が接触事故を起こし、邑楽町に墜落。乗員23人が死亡。16日には、足利市にグラマン・アベンジャー1機が墜落。3人が死亡した。B29の碑は2013年、グラマンの碑は2015年に建立。

●マクスウェル・テイラー・ケネディ

ケネディ大統領の弟ロバート・F・ケネディ上院議員の子息。ケネディ上院議員は、1968年6月、大統領選への予備選中、暗殺された。著書はマクスウェル氏の米・ブラウン大学の研究員としてのもの。

『清岩寺』

【アクセス】

東武伊勢崎線「県」下車。南へ徒歩20分

【住所】

邑楽町秋妻257

60 「一杯いこうぜ」——呑兵衛狸に誘われて

茂林寺【館林市】

かつて駅前シリーズという人気映画があった。その一つに「駅前茶釜」という映画がある。森繁久弥、伴淳三郎、淡島千景など、昭和を代表する役者が織りなすナンセンス喜劇である。プロレスラーのジャイアント馬場も出演していて、彩りを添えていた。昔話「分福茶釜」を題材にした映画である。作中の「呑福寺」は、茂林寺を真似たものだろう。

焼酎の　徳利を　庫裏に　忘れしや

茂林寺の総門をくぐると、沢山の狸が迎えてくれる。呑兵衛狸もいる。酔っぱらい親父

門の先はお伽話の世界

飲兵衛狸が楽しそうだ

の狸が、とぼけた顔をこちらに向けている。いい気分でいるようだ。こちらは還暦を過ぎたが、今だ宮仕え。狸が羨ましい限り。「お仲間に入れてくれないかなあ」——などと心の中で思う。しかし人生百年の時代、世知辛いこの世の中で、まだまだ生きていかねばならない。茂林寺に伝わる伝承を、童話作家の巖谷小波《いわやさざなみ》が、お伽話「分福茶釜」として出版したことから、人々に親しまれるようになった。今では、色んなバリエーションがあるそうだ。

　　これはこの　濁酒の　酔いの　明るさに

　この狸は、明け方まで飲んだくれていたのだろうか。それとも明るい心地よい酔いなのか——どちらにしても楽しそう。私の親父も呑兵衛だった。滑稽な武勇伝には、事欠かなかったらしい。近所では有名で、母は随分恥ずかしい思いもしたらしい。酒のせいで、親父は命を縮めてしまった。そのせいか、私はあまり呑まない。しかし全く呑まないと言えないのは、やはり血筋か——それでも酒で失敗した経験は、これまでの人生ではなかった（と思う）。徳利を抱えた呑んだくれの（親父）狸に、父の顔が重なった。親父とは、一回も杯を交わしたことはなかった。少し後悔もある。あと数年で、父が生きた年月に並ぶ。仕事を離れたら、仏前で親父とじっくり話をしながら杯を傾けたい。

【メモ】
●駅前シリーズ
１９５８～６９年に製作された東宝の喜劇映画シリーズ。全タイトルに「駅前」がつくため、こう呼ばれる。２４作品製作された。
●駅前茶釜
１９６３年製作。久松静児監督、長瀬喜伴脚本。赤城山を間近に望む、呑福寺にある呑福茶釜を巡る人情喜劇。
●茂林寺
１４２６年、大林正通が開山した曹洞宗寺院。歴代住職に仕えた守鶴という弟子が、湯が尽きない茶釜を持ってきて、湯を飲んだ人々に福を分け与えたが、寝ている間に狸とバレた話が伝わる。茶釜は「紫金銅分福茶釜」と名づけられ寺に伝わる。本文中の川柳は狸像の台座から。
●巌谷小波
東京出身。本名・季雄（すえお）。明治、大正時代の児童文学者。１８９４～９６年に、博文館から童話集「日本昔噺」を刊行。「桃太郎」「舌切り雀」「かちかち山」「花咲爺」「分福茶釜」などが、広く知られるようになった。

『茂林寺』
【アクセス】
東武伊勢崎線「茂林寺前」下車。東へ徒歩１０分
【住所】
館林市堀工町１５７０

61 「東京で輝け」――群馬のアニマル

上武洋次郎【館林市】

１９６４年、東京五輪レスリング・フリースタイル・バンタム級決勝。日本の上武洋次郎は、トルコのアクバシュに挑んだ。上武は国際大会未経験で、世界的には全くの無名。言わば日本の「秘密兵器」であった。試合は、アクバシュの1ポイントリードで終盤へ。しかも上武は左肩を半脱臼。絶体絶命のピンチに追い込まれた。しかし満身創痍の体で捨て身のタックル。アクバシュを横転させ、２―１で奇跡の金メダルに輝いた。

続くメキシコ五輪では、またもや脱臼に襲われながら、２連覇を達成。レスリングの五輪連覇は、日本男子では上武ただ一人。世界殿堂入りを果たした日本男子レスリング史上

躍動するレスラーの碑

駒沢体育館に日の丸が

最強のレスラー「アニマル・ウエタケ」は邑楽町出身。柔道をしていたが、当時の柔道は体重無差別だけの世界。小柄な上武は館林高校に進学すると、柔道を諦め、柔道部の隣にあったレスリング部へ。

2年で国体、3年でインターハイ優勝と大活躍。早稲田大学では、全日本で3位となった。米オクラホマ州立大へ留学。全米レスリング選手権で、3連覇を果たした。国際大会未経験にも関わらず、五輪で世界の頂点に立てたのは、留学経験が大きかったのだろう。早大は2015年、スポーツ功労者として上武氏を表彰した。

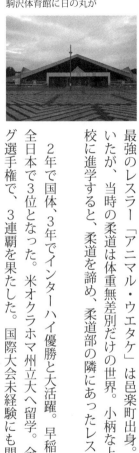

群馬県のレスリングは、安中出身の宮崎米一から始まる。

1932年、ロサンゼルス五輪に出場。しかしその功績は、戦争でレスリングが「外来スポーツ」と敵視され、埋もれた。戦争中、レスリングの灯を守ったのは、旧制館林中（館林高）から早大に進み、主将を務めた正田文男であった。
戦後、正田氏らが中心になって、館林高にレスリング部誕生。1954年、第1回高校レスリングが館林で開催され、同高が初代王者に。館林城祉に、高校レスリング開催の記念碑がある。モチーフは、躍動するレスラーだろうか。若人の姿が眩しい。次の東京でも、群馬で育ったレスラーが活躍してくれるに違いない。

【メモ】
●上武洋次郎
現姓・小幡。1980年、全米レスリング協会殿堂入り。2005年、国際レスリング連盟殿堂入り。ミュンヘン五輪で、日本チームのコーチ。モントリオール五輪で、監督を務めた。
●館林高校
1949年、レスリング部創部。第1回大会では、5階級中2階級を制した。高校総体優勝3回。2015年、高校総体・学校対抗戦40回出場表彰。モントリオール五輪金メダリスト高田裕司氏(太田市出身)も勤務した。
●宮崎米一
早大に進学し、日本レスリング創始者・八田一朗と共に活動した。ロサンゼルス五輪では、グレコローマン・フェザー級に出場した。
●正田文男
1946年、再開された全日本選手権で3位。早大卒業後帰郷し、県レスリング協会設立。後進の指導、レスリングの普及に努めた。

『館林城址(館林文化会館)』(関係箇所)
【アクセス】
東武伊勢崎線「館林」下車。東へ徒歩20分
【住所】
館林市城町3－1

62 水の底から聞こえる人々の慟哭

渡良瀬遊水地（上）【板倉町】

渡良瀬遊水地にある谷中湖の水は銀色に輝いていた。おだやかな天候で、波も静かだった。ここではカヌーやヨットなどを楽しむことも出来る。周囲でサイクリングをしている若い人も多かった。のどかな光景が広がる。しかし水の底には、人々の苦しみ悲しみが沈んでいる。鉱毒の被害のため、廃墟と化した村の歴史を風化させてはならない。

遊水地には、かつて谷中村という集落があった。いや谷中村を破壊し、遊水地を造ったというほうが正確である。足尾銅山から出る廃液を渡良瀬川に垂れ流し、そのため下流の集落は大きな公害被害に苦しんでいた。農作物は甚大な被害を受け、乳児の死亡率は、全

奇観の見られる渡良瀬川

底には人々の悲しみが

国平均の2・5倍となっていた。人々の苦悩は、深刻になっていった。
塗炭の苦しみに喘ぐ人々を救うため、栃木県選出の衆院議員田中正造が立ち上がった。国会で鉱毒問題を取り上げ、解決を訴えた。しかし政府は無視。田中正造は衆院議員を辞め、公害闘争に身を投じる。田中は問題解決を、天皇に直訴。それは失敗したが、それが新聞等で大きく報道され、公害は日本中に知れ渡ることに。

国は洪水による鉱毒被害を防ぐため、栃木県谷中村を遊水地とする計画を立てた。生活を奪われることになる村民は反対の声を上げたが、政府は村を水づけにするなどし、弾圧。村民を追い出しにかかったのである。家を失った村民は、近隣の村々へさらには北海道へと、移住を余儀なくされた。群馬県でも、鉱毒被害に苦しむ板倉、邑楽の人々が北海道などへ移住した。
田中正造は、遊水地造営では抜本的な解決にはならないと、残留農民とともに抵抗運動を続けた。政府はさらに弾圧を強化。最後まで残っていた16戸を破壊。しかし村民は、仮小屋を建てさらに抵抗。田中正造は、関東各地の河川調査からの帰路、病に倒れ死去。抵抗運動は続いたが、政府は工事を続け、１９１７年2月、10年に及んだ反対闘争は幕を閉じた。

【メモ】
●渡良瀬遊水地
　１９０２年、計画が浮上した。１９０５年着手、１９８９年竣工。栃木、群馬、埼玉、茨城の４県にまたがる。渡良瀬川に思川、巴波川などが合流する地点の湿地帯。谷中湖は、遊水地の貯水池。
●谷中村
　４００戸弱、２５００余人の村民がいた。１９０６年、栃木県藤岡町（栃木市）と合併され、強制廃村となった。鉱毒問題で論陣を張っていた社会運動家・木下尚江らの説得もあり、抵抗運動は終息した。
●田中正造
　第１回衆院選で当選。帝国議会で、鉱毒問題を初めて取り上げた。鉱毒問題の解決に、生涯尽くした。１９１３年、７３歳で死去。
●天皇に直訴
　１９０１年１２月１０日、帝国議会開院式を終えた明治天皇に直訴状を渡そうとした。訴状は社会主義運動家幸徳秋水が書いた。

『わたらせ自然館』（関係箇所）
【アクセス】
　東武日光線「板倉東洋大前」下車すぐ
【住所】
　板倉町海老瀬４６６３－１

63 悲劇の歴史が生んだ貴重な自然

渡良瀬遊水地（下）【板倉町】

渡良瀬遊水地は、絶滅危惧種など貴重な動植物が生息する自然豊かな環境を誇っている。2012年、ラムサール条約「国際的に重要な湿地」に登録された。ラムサール条約とは、「動植物の生息地である湿地環境を保全、再生し、そこから得られる恵みを持続的かつ適正に利用していくこと」を目的とする条約である。

広大なヨシ原が広がっている。面積は、山手線内の3分の2ほどだという。ヨシ原と遊水地は、足尾鉱毒の公害のため廃村となった谷中村の跡地である。ここは人工の自然である。かつてここが谷中村であったことを示す「遺跡」が点在している。村役場跡、雷電神

遊水地の自然を学べる

貴重な自然は悲劇が生んだ

社跡、延命院跡、村民の家屋跡……ここで生活していた人々の息遣いが聞こえてくるようだった。

谷中村は、元々沼地や湿地が広がる土地であった。そのため、高台や自然堤防上に集落や耕作地はあり、囲堤《かこいづつみ》で囲まれていた。養蚕業や漁業が盛んで、ウナギ、コイ、フナなどが獲れた。洪水が多い地域であったが、それがもたらす土を使った煉瓦製造も行われていた。豊かな自然の恵みの恩恵を受け、人々は静かに暮らしていたのである。

遊水地は、様々な動植物が生息する自然の楽園である。チュウヒなどの猛禽類、９００種以上の植物が見られる。春には、キキョウソウ、マツヨイグサなど、夏はツユクサ、ニガクサ……四季折々の様々な植物が観察できる。都会では見ることのなくなったメダカやタガメ、カエルなども生きている。

自然や生態系を維持するため、ヨシ焼きが行われる。枯れたヨシを焼き払い春先の植物の生育を促進させ、またヤナギなどの侵入を防ぎ、樹林化を抑制しているという。人の手が入ることで、自然や景観が維持されているのである。しかし近年は、乾燥化が進み池沼が減少し、湿地植物の減少、オギ群落の増加などが起きているという。遊水地を守るため、どうすべきか考えねばならない。

【メモ】

●ラムサール条約

正式名「特に水鳥の生息地として国際的に重要な湿地に関する条約」。１９７１年、イランのラムサールで締結されたので、この名がある。ルーマニアのブカレストで開かれた締約国会議で、日本からは、渡良瀬遊水地、北海道の大沼、沖縄の与那覇湾など９カ所が申請され、登録。

●ヨシ原

ヨシ（アシ）は、イネ科の多年草。河川、湖沼の水際に背の高い群落を形成する。渡良瀬遊水地では、植生の半分がヨシである。

●猛禽類

タカ目、フクロウ目の鳥の総称。鋭い爪を備えた足で獲物を捕らえ、鋭く曲がった強力なくちばしで獲物の肉を裂く。

●乾燥化

洪水調節地化で、遊水地に洪水が流入する頻度が激減。砂利採取、ダムの影響で地下水位が低下。工事のための排水路の設置――などが原因とされる。

『わたらせ自然館』（関係箇所）

【アクセス】

東武日光線「板倉東洋大前」下車すぐ

【住所】

板倉町海老瀬４６６３－１

番外編

64

栄冠よ　群馬の球児に輝け!!

群馬の高校野球

夏の高校野球大会は、2018年が記念の100回目。繰り広げられた名勝負の数々は、ファンの心を魅了し、大会は国民的イベントとして日本人の心にしっかりと根付いている。その最大の魅力は、郷土の代表が集うこと。故郷の代表の活躍に、皆胸躍らせる。古里を離れていても、気持ちは同じ。終戦の月に行われるので、平和を考え、平和に感謝する貴重なときでもある。

群馬県代表が初めて甲子園の土を踏んだのは、1925年、11回大会の前橋中（前橋高）。関東大会を勝ち抜いての出場であった。初戦で鳥取・米子中（米子東高）に0―2で惜敗

憩いの公園に球場がある

この向こうに甲子園が

したが、それまで関東の「弱小県」だった群馬が新たな歴史を開いた記念すべき年であった。

翌年の12回大会。前橋は、1回戦不戦勝、2回戦で優勝候補の兵庫・第一神港商（神港橘高）に6―1で快勝、大金星を挙げた。勢いに乗り準々決勝で、この大会の優勝校、静岡中（静岡高）と対戦。初回3点を先制し、有利に試合を進めたが、8回に同点に追いつかれ延長戦。その後は両校とも無得点のまま、19回に。最後は捕手が本塁への返球を落球し、5―6で前橋は無念のサヨナラ負け。激闘を朝日新聞の飛田穂洲《すいしゅう》は、「ただただ若殿ばらの肉弾戦に涙を催しつつ筆を投ずる」と讃えた。

群馬の高校野球をリードしてきたのは、桐生高である。春夏合わせて26回（夏14回、春12回）甲子園の土を踏んだ。選抜大会で準優勝2回を誇る。しかし桐生始め、群馬の高校は上位に進出するも頂点には届かず、何度も苦杯を舐めた。その壁を破り、県勢初優勝を遂げたのが、１９９９年、81回大会の桐生第一。そして２０１３年、95回大会、前橋育英の初出場初優勝の快挙がある。

大会には、戦争による中断があった。沢村栄治（京都商―巨人）、景浦将（松山商―立教大―阪神）、嶋清一（海草中―明治大）……甲子園で活躍しながら、戦死した選手は多い。

野球が出来る、それを応援出来る――その幸せが続きますように。

【メモ】

●夏の高校野球大会

１９１５年、全国中等学校優勝野球大会として、大阪・豊中球場で開催。甲子園球場での開催は１９２４年、１０回大会から。１９４８年、学制改革により中等学校が高等学校となったため、全国高等学校野球選手権大会となった。

●前橋中（前橋高）

１８９７年、県最初の野球部創部。全国大会には、夏４回、春２回出場。静岡戦の延長１９回は、当時の最長記録（当時は決着がつくまで延長は無制限）。１９７８年、５０回選抜大会で、松本稔投手が完全試合達成。

●飛田穂洲

本名・忠順（ただより）。茨城県出身。早稲田大野球部の監督から朝日新聞記者に。学生野球の評論に健筆をふるい、「学生野球の父」と呼ばれる。１９６０年、野球殿堂入り。

●戦争による中断

１９４１～４５年に中断。１９４６年の復活大会は、甲子園球場が進駐軍に接収されていたため、西宮球場で開催された。

『上毛新聞敷島球場（敷島公園）』
（関係箇所＝決勝戦の地）

【アクセス】

ＪＲ両毛線「前橋」から関越交通バス。「敷島公園」下車すぐ

【住所】

前橋市敷島町６６

65 人生を豊かにする小さな旅

両毛線

通勤や通学で両毛線を利用している人は、読者にも多いに違いない。私もこの連載コラムを書くための取材に、よく利用している。高崎駅から出発する電車に乗り込み、取材先の資料をめくりながら、また乗客の上州弁を聞きながら、車窓に流れる風景を楽しんでいる。短い時間だが、大切な小さな旅である。

両毛線は新前橋—小山間だが、高崎駅が起点と普通に認識されている。両毛線が全線開通したのは、1889年。開通により、伊勢崎、桐生地方の織物業が著しい発展を遂げた。高崎線、上信電鉄、上毛電鉄などとともに、「日本のシルクロード」を形成した。絹産業

両毛線でお馴染みの電車

電車の出る出発駅「高崎」

は戦前、外貨獲得の日本の切り札だったので、これらの路線は日本の生命線であったといっても過言ではない。

新前橋駅は、萩原朔太郎が「荒涼たる田舎の小駅」と詠んだ。岩宿では、日本に存在しないとされていた旧石器時代の遺跡が発見された。国定は、義理と人情に厚い大親分国定忠治がいた所。足利には、日本の最高学府足利学校があった。沿線には、歴史ドラマが詰まっている。

「ギャンブルライン」とも呼ばれていたそうだ。競馬（高崎市〈2004年廃止〉）、競輪（前橋）、オートレース（伊勢崎）、競艇（桐生）と、沿線にはギャンブル場が並ぶ。絹産業を担うのは女性。働き者のかかあに仕事を任せ、旦那は賭場へ。――絹製品は相場を読まねばならず、投機色が強い。ギャンブルに近く、賭け事に抵抗がなかったのだろう。そんなオヤジが多かったらしい。「宵越しの金は持たねえ」と、江戸っ子にも似た上州気質は、そういうところから醸成されのだろう。

一度だけ高崎から小山まで、乗り切ったことがある。市街地を抜けると、田園風景が広がる。裾野がどこまでも続く赤城山のどっしりした姿が、絵画のようだった。両毛線での小さな旅は思い出づくりの旅。目的地での邂逅が心地よく心に刻まれる。それが私の人生を豊かにしてくれる。

【メモ】

●両毛線

１８８４年に高崎—前橋、１８８８年には小山—桐生、翌年に桐生—前橋が開業。名の由来は、古代に同じ「毛野国（けぬのくに）」だった群馬、栃木を結ぶことから。

●新前橋—小山間

長さ８４．４キロ。１９３１年に上越線が開通すると、新前橋—高崎間が二重戸籍区間となったが、１９５７年、同区間が両毛線から分離した。

●日本のシルクロード

生糸や絹織物の運搬が、利根川や江戸川を利用した水運から鉄道に変わった。西洋文明を取り入れる道ともなり、生活様式、通信、娯楽などの文化が流入した。

●上州気質

１９７８年の「全国県民意識調査」（ＮＨＫ）では、群馬県人の特徴として、さっぱりとした金銭感覚、現状肯定の意識、非政治主義的な考え方、現世中心的な考え方などを挙げている。

『ＪＲ高崎駅』（関係箇所）

【アクセス】

ＪＲ高崎線「高崎」

【住所】

高崎市八島町２２２

おわりに

群馬県は、ドラマの宝庫。色々なドラマとの邂逅が本当に楽しい。しかし民間シンクタンクが調査する都道府県魅力度ランキングで、２０１９年、群馬県は45位だった。群馬県に限らず、北関東はどこもランキングが低い。

何故だろう。私なりに考えたが、それは皆さん、東京を向いているからだろうと思う。地元のことよりも、東京のほうが気になるし大切らしい。私の周りの人々も、地元のことより東京の事情に詳しい。東京が近いので、東京人と勘違いしているところがあるようだ。地元の人々がこれでは、魅力度ランキングが上がるわけがない。――しかしそれはおかしい。もっと郷土に愛着を持ち、郷土の魅力を外に発信する努力が大切なはずだ。自分を育んでくれた古里を大切に出来なかったならば、親不孝と同じではないか――と私は考える。

「シンク・グローバリー、アクト・ローカリー（地球的に考え、地域で行動する）」――細菌学者ルネ・デュポスの言葉だそうだ。紛争が絶えず、分断が進む世界情勢を見ると、地球の未来に希望を抱けない。国内に目を転じても、経済の先細り、少子高齢化、政権与党の横暴が目に付く政治、人々の苦しみに鈍感な政府……これらを見るにつけ、我々の生活はどうなってしまうのだろうと不安にもなる。しかしだからこそ、地元を大切にしなければならないのである。

郷土を大切にし、麗しい人間関係の輪を広げ、誰もが安心して暮らせる環境を作っていく。実はそれこそが、世界の平和へと結びついていく確実な道なのではないか。そう確信している。拙い文章しか書けない私であるが、その手助けになればと思い、これからも群馬のコラムを書いていきたいと思う。

掲載コラムは全て、群馬県高崎市のＡＳＡ橋本新聞のご厚意により、ミニコミ紙（はしもとランド）に連載させて頂いているものである。執筆の場を与えて下さる橋本新聞様、制作をして下さった言視舎様、そして関わって下さった全ての方々に深く感謝いたします。

著　者

【主な参考文献】

●もういちど読む山川日本史　山川出版社
●群馬県の歴史散歩　山川出版社
●史料で読みとく群馬の歴史　山川出版社
●あなたの知らない群馬県の歴史　洋泉社
●群馬県謎解き散歩　新人物往来社
●なるほど地図帳群馬　昭文社
●古代史の謎　知れば知るほど　実業之日本社
●週刊マンガ日本史41　田中正造　朝日新聞出版
●群馬新百科事典　上毛新聞社
●東国大豪族の威勢　大室古墳群［群馬］　新泉社

ほか、朝日、上毛など新聞各紙、インターネットの関連サイトなども参照しています。

〈備　考〉

※各項目の「アクセス」は主に著者が利用したものを記載しています。

※本文中の情報は２０１９年12月時点のものです。

著者プロフィール

中島　克幸（なかじま・かつゆき）

1958年、北海道生まれ。
朝日新聞東京本社勤務。
群馬県在住。

■著書

『上州をゆく　群馬県のドラマを訪ねて』（あさを社）
『古都のドラマを訪ねて　京都・奈良』（文芸社）
※日本図書館協会選定図書
『江戸・東京のドラマを訪ねて　山手線沿線めぐり』（文芸社）
※日本図書館協会選定図書
『続　上州をゆく　とっておきの群馬のお話』（あさを社）
『刻まれたドラマを訪ねて　東京の記念碑・像めぐり』（文芸社）
※日本図書館協会選定図書
『京都こだわり街歩き』（文芸社）